地方公務員の 人事が わかる本

圓生和之 [著]
Marumi Kazuyuki

学陽書房

はしがき

　本書は、前著『一番やさしい地方公務員制度の本』の後継に当たる本です。前著は幸いにして多くの皆さんにお読みいただくことができました。ありがとうございます。前著の刊行から3年あまりを経て、会計年度任用職員制度の施行をはじめ地方公務員制度にはいくつかの重要な改正が行われました。また、働き方改革が進むなど社会情勢にも大きな変化がありました。さらに、地方公務員制度に関わる重要な統計で5年に1度の基幹統計の調査結果が公表され、新しい動向を把握できる機会も得ました。

　このため、前著の改訂を行うことが企画されましたが、改訂内容を精査していくと、これらの改正や変化は、地方公務員制度の中でも「人事」に関わる重要な事項が多く、地方公務員の人事行政を一新させるようなものも含まれていました。これらの「人事」に関わる事項を重点的に解説することに努めると、地方公務員制度の解説という範囲を超え、単なる改訂にとどまらないものとなることが明らかになりました。

　そこで、地方公務員制度の解説という枠を取り払い、地方公務員の「人事」に関わる部分を正面から取り上げ、最新の動向を踏まえて重点的に解説する本とすることとしました。これに合わせてタイトルも『地方公務員の人事がわかる本』としました。

　もっとも、前著で心掛けた次のような本書の特色は、「一番やさしい」解説といった基本姿勢とともに引き継ぐこととしました。

　特色の1つは、地方公務員の人事の「いま」が分かるということです。近年、地方公務員の人事制度は頻繁に改正が行われています。一方で、公務員の人事に関する研究も進んでいます。本書は、最先端の地方公務員の人事について、最新動向をふんだんに織り込んで人事の「いま」を具体的に解説しました。

　人事課をはじめ人事委員会や各所属の人事担当者はもちろん、ご自分の人事異動や給与が気になる地方公務員の皆さんにお勧めの内容です。

もう1つの特色は、地方公務員の人事の「真実」が分かるということです。本書は、地方公務員の人事について、実態を知ること、制度の本当の意味を考えることに重点をおいて解説した本です。データ等も豊富に示して地方公務員の人事の真実をつつみ隠さず解説しています。

公務員の実態が気になる公務員志望の学生や一般の市民の皆さん、さらに行政や労働について研究されている研究者の皆さんにも、ぜひ読んでいただきたい内容を凝縮しています。

＊　　＊　　＊

公務員バッシングが当たり前の時代が続いています。なんとも悲しいことです。しかし、私の知る地方公務員の多くは、そんなことにもめげず、高い目的意識と使命感を持って、自分たちの地域を良くしていこうと懸命に働いています。そんな本当の地方公務員像を広めていきたいと思っています。一人でも多くの方に本書をお読みいただくことで、地方公務員についての理解が深められることを願っています。

なお、本書を執筆するにあたっては、多くの皆さんからご指導をいただきました。また学陽書房編集部の宮川純一氏には、今回も企画から完成に至るまでたいへんお世話になりました。心より感謝いたします。

2020 年 1 月

圓生和之

地方公務員の人事がわかる本　もくじ

2章 さまざまな種類の地方公務員

3 章 　地方公務員の人事のしくみと実際

4 章　地方公務員の人事評価

5 章　地方公務員法による決まり

6 章　地方公務員の変わりゆく勤務条件

7 章　地方公務員給与の大変革

8 章　民間とはここがちがう！　労働基本権の制限

終章　地方創生・分権時代の地方公務員

凡　例

1　法律などは、原則として、正式の名称の題名を記載していますが、頻繁に出てくる法律などについては、次の略称を用いています。

日本国憲法　　　　　　　　　　　　　　　　　　　　　　　　憲法
地方公務員法　　　　　　　　　　　　　　　　　　　　　　　地公法
地方自治法　　　　　　　　　　　　　　　　　　　　　　　　自治法
地方公営企業等の労働関係に関する法律　　　　　　　　　地公労法
地方教育行政の組織及び運営に関する法律　　　　　　　　地教行法
地方公共団体の一般職の任期付職員の採用に関する法律　　任期付職員法
地方公共団体の一般職の任期付研究員の採用等に関する法律
　　　　　　　　　　　　　　　　　　　　　　　　　　　任期付研究員法
大学の教員等の任期に関する法律　　　　　　　　大学教員等任期法
育児休業、介護休業等育児又は家族介護を行う労働者の福祉に関する
　法律　　　　　　　　　　　　　　　　　　　育児・介護休業法
雇用の分野における男女の均等な機会及び待遇の確保等に関する法律
　　　　　　　　　　　　　　　　　　　　　　男女雇用機会均等法
高年齢者等の雇用の安定等に関する法律　　　　高年齢者雇用安定法
働き方改革を推進するための関係法律の整備に関する法律
　　　　　　　　　　　　　　　　　　　　　　　働き方改革関連法
労働施策の総合的な推進並びに労働者の雇用の安定及び職業生活の充
　実等に関する法律　　　　　　　　　　　　労働施策総合推進法
短時間労働者の雇用管理の改善等に関する法律　　パートタイム労働法
障害者の雇用の促進等に関する法律　　　　　　障害者雇用促進法
被用者年金制度の一元化等を図るための厚生年金保険法等の一部を改
　正する法律　　　　　　　　　　　　　　　被用者年金一元化法

2　条文を引用する場合は、次のように略記しています。

日本国憲法第15条第2項　　　　　　　　　　　憲法15条2項
地方公務員法第3条第3項第3号　　　　　　　地公法3条3項3号
地方公務員法第52条第3項ただし書き　　　地公法52条3項但書

1章 地方公務員の実像

1 実は少ない！ 日本の地方公務員数

ここがポイント

いま日本には約274万人の地方公務員がいます。たいへん大きな数字です。しかし、国際比較の上では、日本の地方公務員の数はかなり少ないものとなっています。データで実態を概観し、その理由を考えてみましょう。

◤ 日本の地方公務員は約274万人 ------------------------

いま日本には約274万人の地方公務員がいます。これはたいへん大きな数字です。都道府県の人口と比較すると、全国で13番目に多い京都府の全人口約260万人に匹敵する規模です。地方公務員の数を減らすことを選挙の公約に掲げる候補者もいるぐらいです。

◤ 地方公務員数、海外はどれくらい？ ---------------------

それでは、日本の地方公務員は、世界的に見ても多いのでしょうか。

データで見てみましょう。公務員の数を国際比較するときに難しいのは、公務員の範囲をどのように捉えるかです。国によって公と民の役割分担が異なるからです。ここでは2つの統計データを取り上げます。

1つは政府の公式統計です。総務省統計局の産業別人口のデータで、公務・国防・社会保障事業の就業者を捉えたものです。ただし、この統計では、そのうちの地方公務員の数は分かりません。

もう1つは民間の統計です。野村総合研究所の調査データで、狭義の公務員に公社・公団・政府系企業・公営企業等の職員を含めたものです。このデータではそのうちの地方公務員の数も分かります。

●図表1−1　人口千人あたり公務員数の国際比較①
　　　　　（公務・国防・社会保障事業の就業者数）

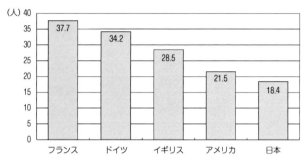

（出所）　総務省統計局「世界の統計 2017」をもとに作成

●図表1−2　人口千人あたり公務員数の国際比較②
　　　　　（公社・公団・政府系企業・公営企業等の職員を含む）

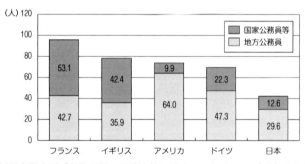

（出所）　野村総合研究所「公務員数の国際比較に関する調査（2005 年）」をもとに作成

　どちらのデータを見ても、日本の公務員数はかなり少ないことが分かります。**人口千人あたりの公務員数**を見たものですが、先進国の中では際だって少ないものとなっています。よく日本の公務員数が少ないのは、政府系企業・公営企業などが多いからだと指摘する人がいますが、それらを含めても、やはり極めて少ない公務員数となっています。

　地方公務員についても、州政府の機能が大きいアメリカやドイツなどと比べると、日本の地方公務員数はかなり少ないですし、中央政府が多くの役割を担っているフランスやイギリスの地方公務員と比べても、少ないものとなっています。

　少し前に「小さな政府」と「大きな政府」という議論がありましたが、公務員の数からみると、日本は極めて**小さな政府**と言えそうです。

　ただ、諸外国が多過ぎるという見方もあるでしょうから、適正な公務員数がどの程度かは、国際比較だけでは論じられないかもしれません。

◾️ どうして少ない？　日本の公務員 ⋯⋯⋯⋯⋯⋯⋯⋯⋯⋯⋯⋯⋯⋯⋯⋯

　日本の公務員が少ない理由は、さまざまな分析が行われてきました。

　日本は行政需要が少ない、あるいは行政需要に対応していないという主張がありますが、実証性を欠きます。また、日本の定員管理の法制度が機能しているという主張もありますが、現実を踏まえた立法という観点からは納得しづらいことは否めません。

(1)　日本の人事制度が公務の効率性を高めたため

　有力な説として、日本の人事・給与制度が職務区分の曖昧さや大部屋主義とあいまって効率的に作用した結果として、少ない人数での公務遂行を可能としたという説明が行われてきました。

(2)　経済発展初期に公務員数を抑制したため

　最近の研究では、日本は経済発展の初期に行政改革に着手し公務員数を抑制したために、他国に比べて公務員数が少ないという説明が有力に主張されています。

　つまり、先進国の例を見ると、経済発展に伴って公務員数が増加するという歴史的な傾向があります。そして、肥大化する行政組織の人件費を抑制する方法として給与水準の抑制が行われることが多いのです。しかし日本では、人事院・人事委員会勧告制度が定着していたために、第二次世界大戦後の高度経済成長期に、給与水準の不当な抑制が困難であったため、公務員数の増加を抑制することが行われたという説明です。

【参考文献】

○稲継裕昭『日本の官僚人事システム』東洋経済新報社、1996 年

○前田健太郎『市民を雇わない国家』東京大学出版会、2014 年

2　地方公務員の"リアル"

ここがポイント

　地方公務員の実態を概観します。地方公務員には、都道府県職員と市町村職員がいます。これらの職員がどのような仕事をしているか、学歴・年齢構成・男女比はどうなっているかなど、統計データをもとに実像に迫ります。

◢ 公務員の8割は地方公務員

　日本の公務員には、国の仕事をする国家公務員と地方公共団体の仕事をする地方公務員がいます。2018年4月現在、国家公務員が約58万人、地方公務員が約274万人で、**地方公務員が8割以上**を占めています。行政の仕事の多くが地方公務員によって行われていることが分かります。

●図表1-3　国家公務員数と地方公務員数（2018年度）

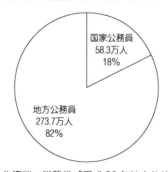

国家公務員
58.3万人
18%

地方公務員
273.7万人
82%

（出所）　2018年人事院勧告資料、総務省「平成30年地方公共団体定員管理調査」

◢ 都道府県と市町村の職員はほぼ同数

　日本の地方自治制度は、都道府県と市町村の二層制になっています。

　約274万人の地方公務員のうち、都道府県の職員が約139万人で約半数を占めています。小中学校の先生が都道府県の職員として整理されていることに注意が必要です。

●図表1－4　団体区分別の地方公務員数（2018年度）

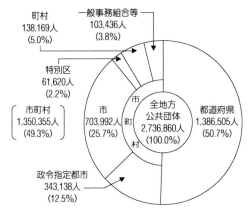

（出所）　総務省「平成30年地方公共団体定員管理調査」

　1つの地方公共団体あたりの平均職員数は、都道府県が約3万人、政令指定都市が約1万7千人、その他の市が約911人、町村は約148人。都道府県と市・町・村で役所の組織規模が大きく異なることが分かります。

●図表1－5　地方公共団体あたりの平均職員数（2018年度）

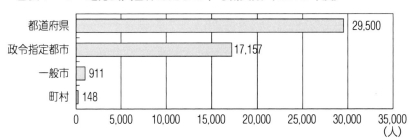

（出所）　総務省「平成30年地方公共団体定員管理調査」をもとに作成

■ 部門別で見る！　地方公務員の仕事内容 ·············

　どのような仕事に、どれくらいの職員が従事しているのでしょうか。**部門別の職員数**を見てみましょう（図表1－6、1－7）。

　都道府県では、教育部門が6割弱、警察部門が約2割で、一般行政は16.7%と意外に少ないことに気付かれると思います。

●図表1－6　都道府県の部門別の職員数（2018年度）

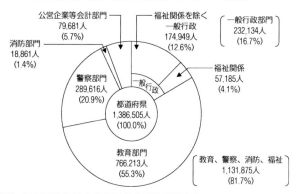

（出所）　総務省「平成30年地方公共団体定員管理調査」

　市町村では、都道府県より一般行政の割合が大きいですが、福祉関係の割合が大きくなっています。福祉関係に教育部門と消防部門を合わせると約半数を占めています。このほか、上下水道や交通といった公営企業等が約2割となっていて、住民に身近な仕事に多くの公務員が従事していることが分かります。

●図表1－7　市町村の部門別の職員数（2018年度）

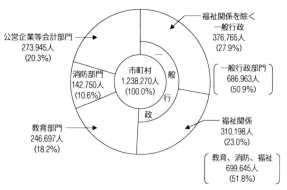

（出所）　総務省「平成30年地方公共団体定員管理調査」

■ 地方公共団体の規模で異なる「学歴」

地方公務員の学歴は、地方公共団体の組織規模により異なっています。

全職種・全年齢層の計で見ると、都道府県では大卒が約4分の3を占め、短大卒を含めると8割を超えていて、高卒は十数%しかいません。規模の大きな政令指定都市も同様の傾向にあります。

一方、一般の市や町村では大卒は約半数にとどまっています。

●図表1－8　団体区分別の学歴別職員数の割合（2018年度）

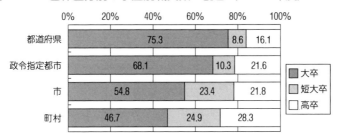

（出所）　総務省「平成30年地方公務員給与実態調査」をもとに作成

急速に進む高学歴化

最近採用された年齢層（全職種・24～27歳）に限定して見てみると、都道府県と政令指定都市では大卒比率がさらに高くなり8割を超えています。一般の市や町村でも**大卒比率が上昇**し7割近くとなっています。

社会全体の大学進学率の上昇とともに、高度化する行政需要に応えるため、職員の高学歴化が進んでいることがうかがえます。

●図表1－9　団体区分別の学歴別職員数の割合・24～27歳（2018年度）

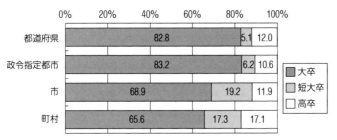

（出所）　総務省「平成30年地方公務員給与実態調査」をもとに作成

◤ 30 歳代前半が凹んだ「年齢構成」

　地方公務員の年齢構成を一般行政職でみると、44 歳～ 47 歳の構成比が最も高い一方で、32 歳～ 35 歳が低く落ち込んだ歪な形となっています。これは、行政改革の要請で**公務員数の削減**が求められ、特に集中改革プランにより大幅な削減が進められた 2005 年から 2010 年の期間に新規採用を抑制したことが影響していると考えられます。

　ちなみに、いわゆる**就職氷河期世代**を対象とした職員採用が話題となっていますが、就職氷河期と呼ばれるのは 1993 年から 2004 年頃の採用で、30 歳代後半から 40 歳代前半にあたります。地方公共団体によって異なるものの就職氷河期世代の方が採用数が多いこともあり、注意が必要です。

●図表 1 − 10　年齢別の職員数・一般行政職（2018 年度）

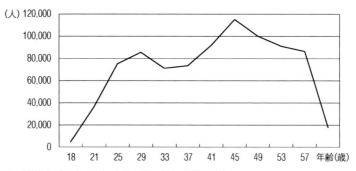

（出所）　総務省「平成 30 年地方公務員給与実態調査」

●図表 1 − 11　平均年齢の推移（一般行政職）

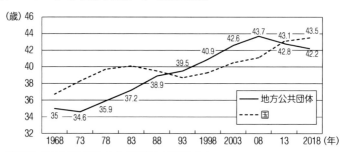

（出所）　総務省「平成 30 年地方公務員給与実態調査」

男性が6割 --

地方公務員の男女比をみると、**男性が約6割**を占める状況にあります。

●図表1−12　団体区分別の男女別構成割合（2018年度）

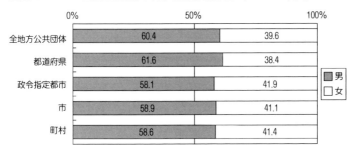

（出所）　総務省「平成30年地方公務員給与実態調査」をもとに作成

　男女比を年齢別にみると、50歳代後半の高齢層で男性が7割近くを占めているのを頂点として、年齢が下がるにつれて男性の比率が小さくなってきていますが、まだ半数には達していません。

●図表1−13　年齢区分別の男女別構成割合（2018年度）

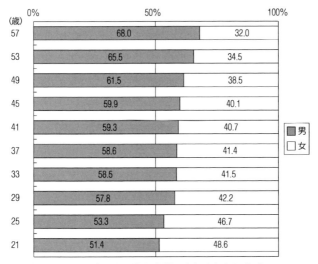

（出所）　総務省「平成30年地方公務員給与実態調査」をもとに作成

◢ 公務員の退職といえば定年退職…だけじゃない!?

　公務員といえば、定年退職まで勤めるのが普通のように思われがちですが、実態はどのようになっているでしょうか。総務省の調査によると、2017年度の1年間に退職した地方公務員の内訳は図表1-14のようになっています。

● **図表1-14　地方公務員の退職者の状況（2017年度）**
【離職事由別割合】

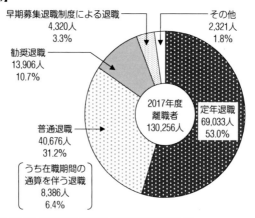

（出所）　総務省「平成29年度地方公務員の退職状況等調査」

　定年退職を迎えて退職した人は約半数の53.0％です。加えて地方公共団体からの勧奨により退職した人が10.7％います。

　一方、職員の方から退職を申し出た人は、自己都合退職などの普通退職が31.2％で約3割、早期募集退職を活用して退職した人が3.3％です。早期募集退職は、職員の年齢構成の適正化等を理由に、都道府県で17団体、政令指定都市で10団体が実施しているのをはじめ、全体では466団体が実施しています。

　やはり、定年や定年が近づいて勧奨により退職する人が多いですが、およそ3割は職員の方から申し出て退職しているのが実態です。

3　地方公務員制度の基本理念

ここがポイント

地方公務員制度の基本理念として、①全体の奉仕者であること、②勤労者性を有すること、③成績主義の採用、④公務能率の確保、⑤政治的中立性の確保があります。基本的な考え方を理解することが重要です。

◤ 基本理念の５つのポイント ------------------------------

地方公務員法の目的は、近代的な地方公務員制度を確立することにより、地方行政の「民主的・能率的」な運営を保障し、地方自治の本旨の実現をめざすことです（地公法１条）。

地方行政を「民主的・能率的」に運営するためには、地方公務員制度はどのようなものであるべきでしょうか。これが地方公務員制度の基本理念と呼ばれるもので、主に以下の要素で構成されています。

　①全体の奉仕者であること　②勤労者性を有すること

　③成績主義の採用　　　　　④公務能率の確保

　⑤政治的中立性の確保

◤ ①全体の奉仕者であること ------------------------------

憲法は「すべて公務員は、全体の奉仕者であつて、一部の奉仕者ではない」と規定しています（15条2項）。地方公務員法も、「全体の奉仕者として公共の利益のために勤務」し、職務に専念することを求めています（30条）。

公務員は、主権者である国民からの信託によって地位を与えられていますから、国民全体のために奉仕することが求められているのです。国民のための行政を実現することが公務員の使命です。

なお、地方公務員は一部の地域の行政を担っていますが、これにより国民全体のために奉仕しているのです。

②勤労者性を有すること

　公務員も勤労者であるとするのが、近代的な地方公務員制度の考え方の１つです。

　公務員も、公務という仕事をして、その対価として報酬を得て生計を維持する勤労者です。このことを戦前のように天皇に対して無定量に奉仕する関係とは捉えず、民間企業の労働者と同じように勤労者と捉えようというものです。

　ただし、一般の労働者とは異なり、地位の特殊性から一定の権利の制約を受ける場合があると捉えます。

③成績主義の採用

　職員を採用する場合や、採用した職員を昇任・降任・転任させる場合は、受験成績、人事評価その他の能力の実証に基づいて行われなければならないとされています（地公法15条）。これを成績主義（メリット・システム）といいます。

　猟官主義（スポイルズ・システム）に対立する考え方です。猟官主義は職員の採用や昇任を政治的な功績によって行うというもので、行政に政治的な偏りを招くおそれがあります。これを避けるため成績主義がとられているのです。

④公務能率の確保

　地方公務員法は、地方行政の民主的・能率的な運営を求めています（1条）。このことを地方自治法は、地方公共団体の事務処理は、「最小の経費で最大の効果を挙げるようにしなければならない」と表現しています（2条14項）。

　公務員制度も、科学的で合理的な方法による能率的な制度となるよう努める必要があります。そうすることにより、公務能率の確保と向上をめざすことが求められているのです。

◢ ⑤政治的中立性の確保 --------------------------------------

行政に政治的な中立性を求めるのは次の２つの目的からです。

１つは、行政の実施に政治的な中立性を求めることで、公正な行政運営を維持し、行政の安定性・継続性を確保するためです。

もう１つは、職員の身分が政治的な影響を受けないよう保障するためです。

このため、地方公務員の政治的行為には一定の制限が加えられているのです。

◢ 公務員の「身分保障」という誤解 --------------------------------

公務員制度に対する誤解の１つに、公務員の「身分保障」という言葉があります。

誤解されたイメージは、公務員は民間企業の労働者とは違って身分が保障されていて安定しているとか、身分保障があってクビにはならないから誰も一生懸命には働かない、といったものです。

本来、地方公務員の「身分保障」という用語は、法定された場合以外には分限処分や懲戒処分を受けないという意味で使われます。つまり、職員にとって不利益な処分である分限処分や懲戒処分は、法律や条例で定める要件に該当した場合にだけ行われ、それ以外の場合には身分が保障されるという意味です。

その趣旨は、恣意的な裁量や権限の濫用によって公務員が身分を失うようなことがないようにすることです。その最も重要な場面は「政治的な影響」からの身分の保障なのです。

公務員でも、仕事ができなくなれば分限処分を受け、悪いことをすれば懲戒処分を受けるのは当たり前です。そうではなく、政治的な影響をはじめ、恣意的な裁量や権限の濫用によって身分を失うようなことがないような制度としておく必要があるのです。

このように、公務員の「身分保障」という言葉は、政治的中立性の議論の延長の中で理解しておくことが重要です。

4　地方公務員ヒストリー

ここがポイント

> 　日本の地方公務員の歴史を概観します。第二次世界大戦を経て制定された地方公務員法を中心とした現行制度の位置付けを確認します。さらに、戦後の地方公務員数の推移を分析し、現在に至るまでの公務員数削減の現実を理解しましょう。

◢ 明治維新から第二次世界大戦まで

　日本が近代的国家の体裁を整えた明治維新から第二次世界大戦まで、公務員は天皇の使用人である「天皇の官吏」とされていて、天皇への忠誠と無定量の奉仕が任務とされていました。給与も「俸給」と呼ばれ、体面を保つための額が支給されていたといいます。国家公務員の給料表を俸給表と呼ぶのはその名残です。

　この当時、地方公務員という概念はありませんでした。府県は国の地方機関としての性格が強く、知事をはじめ府県の主な職は国の「官吏」が担っていました。市町村に官吏はいませんでした。

　地方に固有の職員としては「吏員」と私法上の雇用契約による「雇傭人（事務員や現業員等）」等がいて、後者が多数を占めていました。

◢ 戦後に登場「地方公務員法」

　第二次世界大戦の後、日本国憲法が制定され、国民主権を基礎として全体の奉仕者である公務員が置かれることになりました。地方自治法が制定され、組織法としての地方公務員の法制が整備されました。

　その後、それまで国の官吏とされていた警察職員、消防職員、教育職員が地方公務員とされ、1950 年には地方公務員の統一的な基本法として「地方公務員法」が制定され、現在に至っています。

- 1946 年　日本国憲法公布
- 1947 年　地方自治法の制定、国家公務員法の制定

- 1950 年　地方公務員法の制定

■ 地方公務員法制定後の制度改正 --------------------------------

　地方公務員法が制定され、現行の地方公務員制度の枠組みが定められて以降の主な制度改正としては次のようなものがあります。

- 1952 年　地方公営企業職員制度・単純労務職員の取扱い制定
- 1954 年　警察職員制度の改正
- 1956 年　教育委員会制度の改正
- 1965 年　職員団体制度の整備
- 1985 年　定年制の施行、等級制から級制への移行
- 1986 年　男女雇用機会均等法の施行による女性保護の規制
- 1988 年　土曜閉庁の実施による週休二日制の段階的施行
- 1999 年　地方分権一括法による地方事務官制度の廃止
- 2000 年　任期付採用制度の導入（研究職）
- 2001 年　再任用制度の導入
- 2002 年　公益法人等への職員派遣制度の整備
- 2005 年　給与構造改革
- 2014 年　給与制度の総合的見直し
- 2015 年　共済年金の厚生年金への一元化
- 2016 年　人事評価制度の施行

■ 事務吏員と技術吏員の廃止 --------------------------------

　2006 年、それまで地方公共団体に「吏員（事務吏員と技術吏員）」と「その他の職員」を置くとしていた地方自治法が改正され、「職員」に一本化されました（自治法 172 条、173 条（現在削除））。

　吏員とその他の職員の区別は、戦前の吏員と雇傭人の区別に由来するもので、かつては吏員しか就任できない職もありましたが、任用や勤務条件等において地方公務員制度上は区別されていなかったことや、事務吏員と技術吏員の区別は、事務の複雑多様化が進む中で実益より弊害が指摘されたことから廃止されました。

◤ 地方公務員数のうつりかわり ------------------------------

(1) 増大期：戦後～1983年頃

　地方公務員の数は、戦後一貫して増加の一途を辿っていました。住民の権利意識の高まりや行政に対する要望の高まりといった行政需要の多様化と増大に対応して、公務員の数は増加していました。図表1－15を見ても、1965年に約223万人だった地方公務員数は、1983年には約323万人に達しています。

　ドラッグストアチェーンの「マツモトキヨシ」で知られる松本清さんが千葉県松戸市の市長として**「すぐやる課」**を設置したのも1969年です。あらゆる行政需要に対応しようとした時代ですし、それができた時代でした。行政需要とともに税収も伸びた時代だったのです。

　〈1965年～1975年〉
- 教育部門：45人学級の実施等に伴う教職員の増加
- 警察・消防：体制強化に伴う増加　・人口増加等

　〈1975年～1983年〉
- 教育部門：40人学級の実施等に伴う教職員の増加
- 民生部門：デイサービス事業の開始（1979年）に伴う増加等

(2) 横ばい期：1983年頃～1994年

　それまでの増加傾向は、1983年頃から財政状況の悪化によって変化します。オイルショックに続く第二次臨時行政調査会**（第二臨調）**の報告が出たのが1983年です。この頃から、国と地方を通じて行政改革が時代の要請となり、職員定数を凍結するなどの措置がとられました。その結果、職員数の増加は止まり、ほぼ横ばいで推移することとなりました。

　しかし、1988年頃から、こうした抑制傾向を打ち消すような新たな行政需要が生じはじめ、再び増加へと転じました。

　〈1988年～1994年〉
- 民生部門：ゴールドプランの推進に伴う老人保健施設の増加等
- 病院部門：病床数、患者数の増加
- 土木部門：普通建設事業費の増加等

● **図表 1 −15　地方公共団体の総職員数の推移**

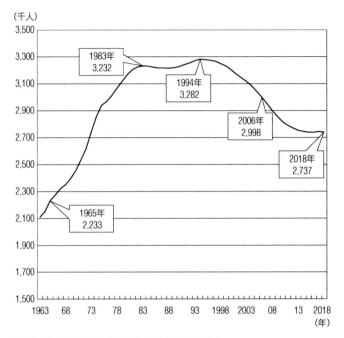

（出所）　総務省「平成 30 年地方公共団体定員管理調査」

(3)　削減期：1994 年〜現在

　新たな行政需要の増加の一方で、行政改革の要請はさらに強くなり、1994 年の 328 万人をピークとして地方公務員数は減少に転じ、2006 年には 300 万人を下回ることとなりました。さらに**集中改革プラン**による取り組みで大幅な削減が進み、2018 年には約 274 万人となっています。

　〈2005 年〜 2010 年〉

　• 集中改革プランによる取り組みによる削減（△ 7.5%）

削減の内訳

　1994 年から 2018 年までの削減の内訳は図表 1 − 16 のようになっています。

地方公務員数の全体では、16.6％の削減となっています。

しかし、警察部門や消防部門とともに、一般行政部門でも防災といった市民の安心や安全を守るための組織基盤の充実・強化のための増員が行われています。また、児童相談所や福祉事務所等でも増員が行われています。

したがって、これらを除く一般行政部門や教育部門では極めて大幅な削減が進められてきたことになります。

●図表1−16　部門別職員数の推移（1994年＝100）

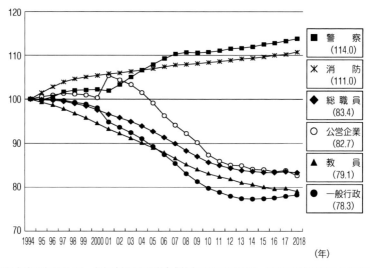

※2001年度に生じている一般行政部門と公営企業等会計部門の変動は、調査区分の変更によるもの。

（出所）　総務省「平成30年地方公共団体定員管理調査」

5　公務員制度改革と地方公務員

ここがポイント

　公務員制度改革の経緯を概観し、公務員制度の現在の位置付けを確認します。行政改革の延長線で始まった公務員制度改革は、労働基本権を巡る議論に翻弄されつつ、ようやく現実のものとなってきました。

◼️ はじまりは行政改革会議 --

　近年の公務員制度改革は、1997年の橋本内閣の行政改革会議から始まったと言ってよいでしょう。この会議の最終報告は、中央省庁改革へと繋がりました。それまで1府22省庁あった中央省庁が1府12省庁へと統合再編されたのです。「この国の形が変わろうとしている」と言われた大改革です。そして、その中で働く公務員についての改革も、このときから始まりました。

◼️ 抜本改革をめざした「公務員制度改革大綱」 ----------------------

　橋本内閣の強力なリーダーシップでスタートを切った公務員制度改革は、いくつもの障壁を乗り越え、2001年の「公務員制度改革大綱」の閣議決定へと結実します。公務員制度を抜本的に改革することで、行政のあり方自体の改革をめざすものでした。

　その中で、**新たな人事制度の構築**として、新たな評価制度の導入による新任用制度と新給与制度の確立に言及したことは注目すべきことです。

　この大綱で示された人事評価の枠組みこそが、行動特性を評価する「能力評価」と目標管理による「業績評価」でした。このときから、地方公共団体の人事担当課もその後の方向性に確信を持ったと言えるでしょう。つまり、それまで勤務評定の改善と目標管理の導入で暗中模索していた地方公共団体の多くは、この2本立ての評価制度の確立へと進んで行くこととなったのです。

　しかし、大綱で示された公務員制度改革は、労働基本権制約の取扱い

を巡る議論などにより難航することとなります。高い支持率に支えられた小泉内閣でさえ公務員法の本格的な改正はできませんでした。ようやく改正に漕ぎ着けたのは、国会で与党が圧倒的多数を得た第一次安倍内閣のときでした。

■ 国家公務員法の改正① （2007年改正法）

2007年、第一次安倍内閣のもと、新人事評価制度、能力主義の採用、**再就職斡旋の禁止**などを内容とする国家公務員法の改正が行われ、合わせて職階制の規定も削除されました。そして、残された課題は、2008年の公務員制度改革基本法に引き継がれました。

その後、労働基本権についての**「自律的労使関係制度」**を巡る議論の曲折とともに、国家公務員法の改正法案は、2009年、2010年、2011年と、提出と廃案を繰り返し迷走を極めました。

■ 国家公務員法の改正② （2014年改正法）

2013年、再度の政権交代による第二次安倍内閣のもとで、4度目の国家公務員法改正案が提出され、翌2014年4月に成立します。

この改正法により、新たに「内閣人事局」が置かれ幹部人事の一元管理等が行われることとなり、一方で「人事院」はこれまでどおり給与その他の勤務条件について勧告・報告を行うとともに、内閣人事局の事務にも関与できることとなりました。人事院の権能はほぼ維持されることで決着したのです。

■ 改革の区切りとなる地方公務員法の改正

地方公務員については、2007年の国家公務員法改正との齟齬が生じていた地方公務員法の改正法が2014年に成立し、同様の趣旨の改正が行われ、中心的な部分が2016年4月に施行されました。

この地方公務員法の改正で、公務員制度改革は一応の区切りを終えたと言うことができます。法律による制度の枠組みはできたという意味です。あとは、器に魂を入れる道程と言えるでしょう。

2章 さまざまな種類の地方公務員

1 地方公務員は職種のオンパレード

ここがポイント

ひとくちに地方公務員といっても、さまざまな職員がいます。多様な職種がありますし、常勤と非常勤といった違いもあります。派遣職員や県費負担教職員のように所属する組織と給与負担者が複雑な場合もあります。

地方公務員法上の地方公務員とは

地方公務員法は、地方公務員を「地方公共団体のすべての公務員」と定義しています。さらに、特定地方独立行政法人の公務員も含むとしています（3条）。したがって、その範囲は非常に広く、さまざまな種類があります。ここでは、多様な種類の地方公務員を概観します。

多様な職種の地方公務員

地方公務員には、一般行政職や税務職、福祉職、研究職のほか、公立病院の医師のような医師職、保健所の保健師や薬剤師のような医療職、小中高校の教員のような教育職、警察職、消防職、地方公営企業の職員である企業職、技能労務職など、さまざまな職種があります。

職種別の構成

次頁の図表2－1を見てみましょう。全体としては、一般行政職や教育職が最も多く、それぞれ全体の約3割を占めています。そのほか、住民の安全を守る警察職や消防職、交通や病院といった住民に身近な事業に携わる企業職や医療関係の職などが多くなっています。

● 図表2−1　職種別の職員数

(単位：人・%)

	1994年		2018年		増減	増減率
	職員数	構成比	職員数	構成比		
一般行政職	1,124,661	34.3	850,430	31.1	△171,057	△15.2
福祉職			103,174	3.8		
税務職	86,649	2.6	68,716	2.5	△17,933	△20.7
研究職	17,842	0.5	12,051	0.4	△5,791	△32.5
医師職	22,199	0.7	10,373	0.4	△11,826	△53.3
医療職	201,270	6.1	123,039	4.5	△78,231	△38.9
教育職	9784,65	29.8	849,452	31.0	△129,013	△13.2
警察職	223,739	6.8	261,653	9.6	37,914	16.9
消防職	143,468	4.4	160,517	5.9	17,049	11.9
企業職	159,173	4.9	208,813	7.6	49,640	31.2
技能労務職	312,314	9.5	84,896	3.1	△227,418	△72.8
その他	9,492	0.3	5,641	0.2	△3,851	△40.6
計	3,279,272	100.0	2,738,755	100.0	△540,517	△16.5

(出所)　総務省「平成6年・平成30年地方公務員給与実態調査」をもとに作成

職種別職員数の推移

　時系列の推移として、1994年と比較して2018年を見ると、全体では54万人超の大幅な減員となっています。その内訳を職種別で見ると、技能労務職が約23万人の減少、一般行政職・福祉職と税務職で約19万人の減少となっているほか、教育職や医療関係の職種が減少しています。

　一方、増加している職種としては、企業職をはじめ、警察職や消防職があります。ただし、医療関係の職種と企業職については、公立病院の経営改革の一環で経営形態を改めたこと等が影響していることに注意が必要です。

一般行政職？　税務職？

　ところで、一般行政職や税務職といった言葉に違和感を覚える職員も多いと思います。なぜなら、実際の実務の現場にはそんな名前の職種も

給料表も存在しないからです。

　これらは統計上の用語なのです。国家公務員との比較を行うため、税務職のように国家公務員では別の俸給表が適用されている職員群を同様の範疇でカウントしているのです。そして国で行政職俸給表が適用されている職員群を一般行政職としているのです。

◢ 技能労務職ってなに？

　地方公務員法では「単純な労務に雇用される者」と表現されています（57条）。厳密には、企業職員以外の職員で単純な労務に従事する者のうち、技術者・監督者・行政事務を担当する者以外のものが対象です。

　都道府県では全職員の0.7％を占める程度の小集団ですが、市区町村では削減が進んだ現在でも7万5千人を超える大集団の職種です。

　法律上は**「単純労務職員」**と呼ばれますが、その語感の悪さからか、実務では「技能労務職」と呼ばれることが多くなっています。技能労務職という言葉は、元来は国家公務員の給与制度上の用語です。単純労務職員の範囲は国家公務員の行政職俸給表（二）の適用範囲と同様で、それらの職員を国では技能職員・労務職員（甲）（乙）としているため、地方公共団体でも技能労務職と呼ばれるようになったのです。

●図表2-2　技能労務職の職員数等

	全職員 [人] (a)	技能労務職		技能労務職の主な職種
		[人] (b)	構成率 (b)／(a)%	
都道府県	1,388,400	9,873	0.7	自動車運転手、守衛・庁務員等、道路補修員ほか
市区町村	1,350,355	75,023	5.6	清掃職員、調理員、守衛・庁務員等ほか
うち指定都市	343,138	21,441	6.2	
合計	2,738,755	84,896	3.1	――

（出所）　総務省「平成30年地方公務員給与実態調査」「平成30年地方公共団体定員管理調査」をもとに作成

技能労務職の労働関係と身分の取扱い

地方公務員法は、その職務と責任の特殊性に基づいて、特例を別に法律で定めるとしています（57条）。この規定を受けて、地方公営企業等の労働関係に関する法律の附則5項により同法と地方公営企業法の一部を準用することとされています。これにより技能労務職は、労働組合か職員団体を組織して活動できることのほかは、企業職員と同様に取り扱われることになっています。

◢ 現業職員と非現業職員という区分 ┈┈┈┈┈┈┈┈┈┈┈┈┈┈┈┈┈

一般には、公権力の行使の性質を持たず、民間企業に類似した業務に従事する職員を**現業職員**といいます。地方公務員の世界では、2種類の意味で使われています。

1つは、企業職員と技能労務職を指して現業職員という場合があります。これは、これらの職員が労働協約の締結権を持つことに着目した分類です（地公労法7条、附則5項）。

もう1つは、労働基準法別表1の1号から10号と13号から15号に掲げられた職を現業職員という場合があります。労働基準監督機関が労働基準監督署か人事委員会かに着目した分類です（地公法58条5項）。

◢ 常勤職員と非常勤職員 ┈┈┈┈┈┈┈┈┈┈┈┈┈┈┈┈┈┈┈┈┈┈┈┈┈

2020年の改正地方公務員法の施行により、次のように整理されました。これにより、「非常勤」の概念は大きく様変わりしました。

(1) **常時勤務を要する職**（①②の要件の両方を満たすもの）

　①従事する業務の性質に関する要件

　　相当の期間任用される職員を就けるべき業務（**本格的業務**）に従事する職

　②勤務時間に関する要件

　　フルタイム勤務とすべき標準的な業務の量がある職

(2) **非常勤の職**

　上記(1)「常時勤務を要する職」以外の職

　非常勤の職に該当するものとして、会計年度任用職員、短時間勤務の
職（任期付短時間職員、再任用短時間職員）があります。

◢ 派遣職員（公益的法人等へ派遣されている職員）

　いわゆる外郭団体へ派遣されている職員です。2002年に施行された
公益的法人派遣法（公益的法人等への一般職の地方公務員の派遣等に関
する法律）に基づく派遣です。

　この法律が制定されるまで、職員の派遣は、職務命令や、職務専念義
務の免除、休職、退職などの方法で行われていました。しかし、公務員
が給与を得て、民間団体の仕事に従事することが問題視されるようにな
りました。そこで、派遣の場合の身分取扱いを明確化するとともに、民
間との連携を推進するために法制度が整備されたのです。

　派遣制度は、**公益的法人等へ派遣**する場合と営利法人である**特定法人
へ派遣**する場合の2本立てとなっています。

●図表2-3　公益的法人等への派遣制度

区分	公益的法人等への職員派遣	特定法人への退職派遣
特徴	身分を有したまま派遣	「退職」した上で派遣
対象	公益的法人等	営利法人
派遣の前提	職員の同意	要請に応じた退職
派遣期間	3年以内 （5年まで延長可）	3年以内
給与	原則、派遣先が支給 （委託、共同等に例外あり）	派遣先が支給

　いずれの場合も、対象法人は地方公共団体の事務・事業と密接な関連
を有し、施策推進を図るため人的援助が必要なものに限定されていま
す。派遣前の手続として、任命権者と対象法人との間で業務内容等につ
いて取決めを締結し、職員に取決めの内容を明示することとされていま
す。派遣終了後の処遇は、派遣されない他の職員との均衡に配慮するこ
ととされています。

◢ 条件付採用職員とは

条件付採用は、民間企業の新入社員の「試用期間」と同じ趣旨の制度です（地公法22条1項）。

職員の採用は、採用試験や選考で行われますが、それだけで職員としての適格性を完全に把握することは困難です。そこで、採用後に実務に従事した成績によって能力を実証しようとするものです。

原則として**採用から6か月**の期間とされ、1年まで延長できます。

条件付採用の期間中も、正規の職員と同様の扱いを受けますが、次の取扱いが異なります。

① 分限の規定が適用されないため、その意に反して免職・休職・降任・降給されることがあります。

② 不利益処分の審査請求ができません。

なお、改正法で表記が改正され「条件附」から「条件付」となりました。

◢ 県費負担教職員ってなに？

公立学校の教職員は学校の設置者である地方公共団体の職員ですが、教育の機会均等とその水準の維持向上を図るため、市町村立の小学校・中学校等の教職員は、都道府県が一括して採用し人事権を持っています。その代わり給与も都道府県の負担とされています。このため、**県費負担教職員**と呼ばれています（地教行法37条1項）。

しかし、これらのうち、政令指定都市の教職員については、採用・異動といった人事権を政令指定都市が有していたために、人事権者と給与負担者が異なるという「ねじれ」がありました。

政令指定都市への移譲

そこで、2017年度から「地域の自主性及び自立性を高めるための改革の推進を図るための関係法律の整備に関する法律」により「ねじれ」が解消されることになりました。政令指定都市の教職員についての給与負担が道府県から政令指定都市に移譲されることになったのです。

　学校の設置管理者である政令指定都市が、地域の特性や保護者などの地域住民の意向を反映し、住民ニーズに応じた教育をより主体的に提供できる体制を整備しようとしたものです。

　給与費の負担とともに移譲された権限として、学級編成基準・教職員定数の設定、勤務条件の設定、分限処分・懲戒処分の基準の設定等があります。

　この移譲により、政令指定都市の教職員は、さまざまな統計上も、道府県職員から政令指定都市職員へと変更されました。2017年度から職員数のデータに変動があるときは注意が必要です。

●図表2-4　県費負担教職員の制度

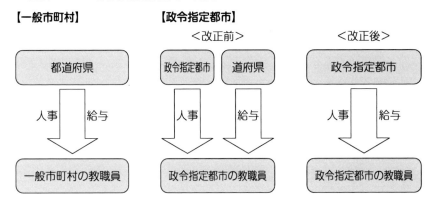

2 ちがいがわかる！ 特別職と一般職

ここがポイント

地方公務員にはさまざまな種類がありますので、一定のグルーピングをして制度が作られています。最も重要なグルーピングが、特別職と一般職です。一般職には、地方公務員法が適用されます。

◢ 特別職と一般職のちがい

地方公務員は「地方公共団体のすべての公務員」ですから（地公法2条）、その範囲は非常に広く、さまざまな種類があります。そこで、一定の基準でグルーピングをして、それぞれのグループに相応しい法制度を適用しようと考えられました。

最も重要なグルーピングが、特別職と一般職です。一般職には地方公務員法が適用されますが、特別職には、法律に特別の規定がある場合を除き、地方公務員法は適用されないのです（3条、4条）。

◢ 地方公務員法が適用されない「特別職」

地方公務員法は、特別職を具体的に列挙し、一般職は特別職以外の職と定義しています（3条2項、3項）。

地方公務員法が定める特別職は、①住民またはその代表の信任によって就任する職、②任命権者が裁量で選任することができる職、③その職に専ら従事することが予定されていない職とされています。

いずれも、任用に成績主義の原則を適用することが適当でないことや、期限を限って任用されることなどの特徴があります。

① 公選や信任による職
- 選挙で就任する職（知事、市町村長、議会の議員など）
- 就任に議会の関与を要する職（副知事、副市町村長、人事委員会の委員、教育長、教育委員会の委員、監査委員など）
- 都道府県労働委員会の常勤の委員

②　**裁量による任用の職**
- 地方公営企業の管理者・企業団の企業長
- 長や議長等の秘書で条例で指定するもの
- 特定地方独立行政法人の役員

③　**非専任の職**
- 法令等による委員・委員会の構成員で臨時または非常勤
- 臨時・非常勤の顧問・参与・調査員・嘱託員等

◢ 地方公務員法が適用される「一般職」 ⋯⋯⋯⋯⋯⋯⋯⋯

　上記の特別職以外の地方公務員は「一般職」とされ、地方公務員法が適用されることになります。これが大原則です。

　地方公務員法はこのことを「一般職は特別職以外の一切の職とする」「この法律の規定は、一般職のすべての地方公務員に適用する」と規定しています（3条2項、4条1項）。

　しかし、この強い語調に疑問を持つ人もいるでしょう。と言うのは、これに続く条文は人事委員会に関する規定で、とても一般職の職員に直接適用される規定とは思えませんし、法律の目的規定等は特別職を含めた全ての職員に関わるものだからです。また、労働基本権の制約など全ての一般職には適用されないような規定も想起されます。こう考えると、この規定の実質的な意味は、次のようなものと考えられます。

　地方公務員法の規定のうち、その中心的な内容である任用、勤務条件、服務、分限、懲戒、勤務条件に関する措置要求、不利益処分に関する審査請求、職員団体などについての規定が一般職を対象としているということです。

　また、一般職の全ての地方公務員に地方公務員法を適用することを原則とした上で、公立学校の教職員、単純労務職員、企業職員、警察職員、消防職員、独立行政法人の職員等には適用除外などの特例が定められているのです（地公法57条等）。

　なお、教育長はこれまで一般職でしたが、2015年に改正された新しい教育長は議会の同意を得て長が任免する特別職となりました。

3 会計年度任用職員ってどんな人？

> 地方公務員法の改正により、これまでの臨時・非常勤職員の制度が大幅に改正されました。特別職非常勤職員と臨時的任用職員の任用要件が厳格化され、一般職の「会計年度任用職員」という制度が創設されました。

◢ 臨時・非常勤職員制度の大改正

2020年施行の改正地方公務員法で、従来の臨時・非常勤職員の制度が大改正されました。特別職非常勤職員と臨時的任用職員の任用要件が厳格化され、一般職の「会計年度任用職員」制度が創設されました。

改正の背景としては、一般職非常勤職員の任用等に関する制度が必ずしも明確でなかったこともあり、通常の事務職員でも特別職で任用され守秘義務など公共の利益保持が十分でないといった事態が生じていたことなどが挙げられています。また、労働者性の高い非常勤職員に期末手当が支給されないなどの処遇を問題視する声もありました。

(1) 「特別職非常勤」は専門的な職に限定 （地公法3条3項3号改正）

特別職の任用の厳格化として、特別職非常勤職員は「専門的な知識経験等に基づき、助言・調査等を行う者」に限定されました。

(2) 「臨時的任用」は欠員時に限定 （地公法・旧22条→新22条の3）

臨時的任用の厳格化として、臨時的任用は「常勤職員に欠員が生じた場合」に限定されました。

(3) その他は全て「会計年度任用職員」 （地公法→22条の2新設）

一般職非常勤職員の制度の明確化として、上記(1)(2)以外の（本格的業務を行うのではない）職は、全て「会計年度任用職員」と整理されました。

総務省のマニュアルでは、従来の特別職非常勤職員から会計年度任用職員に移行するものとして、**事務補助職員**のほか、**学校の講師、保育所の保育士、給食の調理員**などが挙げられています。

●**図表2−5　会計年度任用職員への移行**

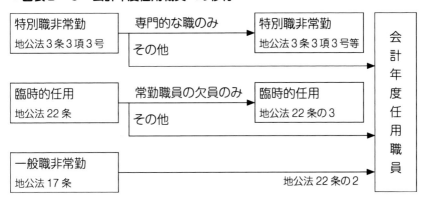

改正後の臨時・非常勤職員制度の体系

　新制度を理解するためには、まず、常勤・非常勤の概念が再整理されたことに注意が必要です。従来のような勤務時間数だけの区分ではなくなりました。非常勤の職にもフルタイムの人がいると捉えるのです。

　新制度では、特別職の任用要件を厳格化した上で、一般職については「相当の期間任用される職員」を就けるべき業務（いわゆる(1)**本格的業務**）に従事する職員以外を全て「会計年度任用職員」とし、フルタイムとパートタイムの人がいると整理されました。そして、本格的業務に従事する「①常時勤務を要する職」以外を「非常勤の職」と捉えます。

●**図表2−6　改正後の臨時・非常勤職員制度の体系**

```
1　特別職
2　一般職
 (1)　本格的業務に従事する職員
　　（「相当の期間任用される職員」を就けるべき業務）
　　①常時勤務を要する職---------------→欠員のとき臨時的任用
　　　・任期の定めのない常勤職員
　　　・任期付職員、再任用職員
　　②短時間勤務の職
　　　・任期付短時間職員、再任用短時間職員　　｝非常勤の職
 (2)　会計年度任用職員
　　（フルタイム、パートタイム）
```

◢ 会計年度任用職員の制度 ------------------------------------

(1) 採用

競争試験または選考で採用することとされていて、面接や書類選考等の適宜の能力実証によることもできます。条件付採用期間は1か月とされています。

(2) 任期

採用の日から、その会計年度の末日までの期間内で決められます。

再度の任用は、新たな職に改めて任用される場合に限り想定されていますが、任期の延長ではありません。

(3) 給与 （地方自治法203条の2、204条）

フルタイムの職員には、給料・旅費・期末手当など一定の手当が支給されます。一方、パートタイムの職員には、報酬・費用弁償・期末手当が支給されます。

給料の額は、その会計年度任用職員と類似の職務に従事している常勤職員の級の初号給（例えば事務補助なら1級1号給等）を基礎とし、初任給基準額（同1級25号給等）を上限として決定するなどと想定されています。

期末手当は、任期が相当長期（6か月以上等）にわたる者に対して支給されます。

◢ 改正後の臨時・非常勤職員のイメージ ------------------------------

総務省が全国の地方公共団体に2018年度の検討状況を調査した結果を見ると、改正後は事務補助職員・保育所の保育士・給食の調理員などの非常勤職員の**ほとんどが会計年度任用職員に移行**することが想定されています。ただし、学校の講師は、会計年度任用職員に移行する者のほか、常勤教員の代替として臨時的任用される者がいます。医師は、勤務医は会計年度任用職員へ移行するものの、学校医や産業医は特別職非常勤職員となることが想定されています。いずれも、パートタイムの者が多数派となっています。

● **図表2－7　改正後の臨時・非常勤職員のイメージ**

(単位：件)

職　種		計	改正後の特別職非常勤職員	構成比	会計年度任用職員	構成比	改正後の臨時的任用職員	構成比	パートタイム	構成比
事務補助職員		224,494	0	0.0%	222,071	98.9%	1,998	0.9%	177,104	78.9%
学校講師		241,964	0	0.0%	149,605	61.8%	87,683	36.2%	141,075	58.3%
	義務教育	149,122	0	0.0%	80,866	54.2%	64,773	43.4%	76,815	51.5%
	義務教育以外	92,842	0	0.0%	68,739	74.0%	22,910	24.7%	64,260	69.2%
保育所保育士		108,142	0	0.0%	105,782	97.8%	1,341	1.2%	81,070	75.0%
医師		116,129	88,609	76.3%	26,600	22.9%	155	0.1%	112,480	96.9%
給食調理員		66,720	0	0.0%	65,937	98.8%	572	0.9%	56,222	84.3%

（出所）　総務省「会計年度任用職員の準備状況等に関する調査（2019年3月28日通知）」

臨時・非常勤職員増加の経緯

　臨時・非常勤職員の人数は、2016年には約64万人となり、2008年時点と比較して約14万人増加しています。一方でこの間に正規職員は約16万人削減されており、正規職員から臨時・非常勤職員への代替が進んだとする指摘があります。

　これに対して、代替ではないという反論もあります。個別の行政分野で見ると、早朝・夜間保育や教育の充実など、多様化・高度化する行政ニーズに対応するために、臨時・非常勤職員の働く場そのものが拡大しているというのです。多様な行政ニーズへの対応の必要性とともに、働く人の側からもさまざまな働き方へのニーズが高まっていますので、臨時・非常勤職員の職が拡大したのは事実でしょう。

　しかし、それだけが増加の要因でしょうか。止まることのない行政改革の要請のもとで、急激な職員数の削減が求められてきたことを考えると、直接ではないにしろ臨時・非常勤職員の増加は**正規職員削減の代替としての側面**を持っているのもまた事実でしょう。

正規職員削減の何が代替されたか

　臨時・非常勤職員の増加が、一定程度、正規職員削減の代替としての

側面を持っていると考えた場合、何が代替されたのでしょうか。

　この問題について考えるときは、臨時・非常勤職員のうち、①講師・保育士・調理員などの職と、②事務補助の職員とを分けて考える必要があります。

　前者の①講師・保育士・調理員などの職は、正規職員と業務内容が基本的には同様です。

　しかし、後者の②事務補助の職員は正規職員とは異なる事務を行っています。それまで１人の正規職員が担っていた仕事をそのまま事務補助の職員が担うといったことは、まずありえません。

　一般的なケースで考えてみましょう。例えば、これまで係員が５人の係があったとします。この係の職員数が１人削減されることになりました。しかし、業務量はどうしても削減できず、代替の事務補助の職員を採用しました。この場合、代替の事務補助の職員には、これまで末席の職員が担っていた仕事を担当させるのではありません。多くの場合、これまで５人が担っていた仕事を残った４人の正規職員に割り振り、５人が担っていた仕事のうちから**単純作業や雑務**をかき集めて代替の事務補助の職員に担当させます。これが事務補助と呼ばれる職員の実態で、補助的な業務を担当させるという元々の制度の趣旨とも合致した運用です。一般の公務の職場では、こうした事務補助の職員が最も典型的な非正規雇用の職員なのです。

◢ 「同一労働同一賃金」か

　以上のように、非正規雇用の職員のうち少なくとも事務補助の職員の多くは正規職員とは異なる事務を行っています。同一労働ではありません。同一なことといえば、机の前に座っているということぐらいです。

　このため、講師・保育士・調理員等のケースを持ち出して指摘する人たちと、公務の職場で目の前にいる事務補助の職員を見ている職員との議論が噛み合わないのです。

　非正規雇用の職員の議論には、①教員・講師・保育士・調理員などの職員と、②事務補助の職員とを明確に分けて考えることが重要です。

　なお、いわゆる「同一労働同一賃金」を定めたパートタイム労働法、労働契約法は、地方公務員を適用除外としています。

■ 再度の任用の何が問題なのか ··

　臨時・非常勤職員には任期があります。しかし、再度の任用を繰り返しているケースが多いのも現場の実態で、これを巡るトラブルも多く、1つの論点となっています。

　結論としては、再度の任用は、あくまで「新たな職」に「能力実証」に基づき「改めて任用」されたという位置付けです。このような条件をクリアした場合は再度の任用も可能です。

　しかし、繰り返し任用されたとしても、任期の定めのない**正規職員に転換**するということはありません。この点が重要です。公務員の任用における成績主義や平等取扱いの原則からの帰結と言えるでしょう。つまり、再度の任用を繰り返すことによって、公務員試験を経ずに正規の職員になることはないのです。解雇権濫用の法理を明文化した労働契約法**も公務員は適用除外**されているのはこのためです。

　中野区の非常勤保育士についての判例（東京高判平成19年11月28日）でも、当時の解雇権濫用の法理の類推適用は認めず、地位確認等の請求を棄却しています。

　ただし、「再度の任用への期待権」の発生を認め、これを侵害したとして区側に損害賠償を認めたことは真摯に受け止める必要があります。労働者保護の観点からは、いたずらに再度の任用を繰り返すことは好ましいとは言えないのです。

4　任期付職員ってなに？

ここがポイント

　定年まで雇用することを前提とした一般的な採用とは別に、期限を限って採用される任期付きの職員がいます。前項で取り上げた臨時・非常勤職員のほか、任期付職員の制度が拡大されてきました。

◤ 任期のある採用

　職員を採用するときは、定年まで雇うこととするのが原則です。それが「期限の定めのない任用」と呼ばれる一般的な採用方法です。

　これに対して、前項で取り上げた臨時・非常勤職員のほか、次のような任期を定めて採用する方法があります。

　(1)　任期付職員　　　　　　　　　　　（任期付職員法 3 条～5 条）
　(2)　任期付研究員　　　　　　　　　　（任期付研究員法）
　(3)　育児休業に伴う任期付採用　　　　（地公育休法）
　(4)　配偶者同行休業に伴う任期付採用　（地公法 26 条の 6）
　(5)　任期付大学教員　　　　　　　　　（大学教員等任期法）
　(6)　定年退職者の再任用　　　　　　　（地公法 28 条の 4 等）

◤ 任期のある採用がなぜ必要なのか

　期限の定めのない採用を原則としつつ、任期のある採用が増加しています。どのような場合に任期のある採用を行うべきでしょうか。

　専門的な知識経験や優れた識見を有する人材を一定期間活用する必要に迫られたときに、地方公共団体の内部でそうした人材を育成するのでは間に合わないような場合、あるいは一定の期間が経過した後には地方公共団体の内部でそうした人材を活かしきれないような場合には、そうした人材を外部から確保することが必要になります。まず研究職で制度が整備され、一般職の任期付職員などへと拡大されてきました。

　いずれも制度の導入は条例で定め、採用は選考によるのが原則です。

任期付職員の３つの種類

前頁の(1)任期付職員は、地方公共団体の一般職の任期付職員の採用に関する法律（任期付職員法）によるもので、次の３種類があります。

①任期付職員（専門的知識等） ＜任期付職員法３条・2002年〜＞

　・特定任期付職員 … 高度専門的知識経験・優れた識見を有する者

　【例】訴訟事件対応の弁護士、情報戦略策定のＩＣＴ技術専門員

　・一般任期付職員 … 専門的知識経験を有する者

　【例】特定課題対応のカウンセラー、文化財保護調査の学芸員

②任期付職員（時限的な職） ＜任期付職員法４条・2004年〜＞

　一定の期間内に終了する業務に従事する者、一定の期間内に限り業務量が増加する業務に従事する者

　【例】国体など大規模イベント開催準備員、災害復旧業務従事者

③任期付短時間勤務職員 ＜任期付職員法５条・2004年〜＞

　②の場合のほか、住民に対するサービスの提供時間の延長、繁忙時における提供体制の充実等

　【例】延長保育従事者、繁忙期の市民対応窓口業務従事者

いずれも、本格的業務への従事、複数年の任期の設定、給料と手当の支給が可能です。任期は①が５年以内、②③は原則３年以内で特に必要な場合は５年以内です。

●図表２−８　任期付職員の採用状況

（単位：人）

区　分	2011	2012	2013	2014	2015	2016	2017	2018年度
任期付職員 （専門的知識等）　３条	675	850	1,183	1,470	1,825	2,188	2,601	2,685
任期付職員 （時限的な職）　４条	1,057	1,338	2,362	3,337	3,873	4,228	4,702	5,077
任期付 短時間勤務職員　５条	2,940	3,745	4,514	4,858	5,399	6,010	6,292	6,733
計	4,672	5,933	8,059	9,665	11,097	12,426	13,595	14,495

（出所）　総務省「地方公共団体における任期付採用制度の運用状況に関する調査結果（各年版）」をもとに作成

5 時代が求める「女性職員の活躍推進」

ここがポイント

いま「女性の活躍推進」は最も重要な政策課題となっています。地方公務員にも積極的な取り組みが求められています。ポジティブ・アクションの要請と地方公務員の平等原則とどう折り合いをつけるべきか考えてみましょう。

すべての女性が輝く社会へ

女性の活躍推進が時代の要請となり、「すべての女性が輝く社会」をめざす施策が進められています。政府が進める成長戦略の1つとされ、指導的地位に占める女性の割合を30％程度となるよう期待するという目標も掲げられています。

なぜ女性の活躍を推進するのか

女性の活躍推進を進める理由には、3つの視点が挙げられています。

① 男女平等、男女共同参画という人権・平等の視点

② 人口減少社会における労働力人口の急減への対応の視点

③ 多様な人材を活かすダイバーシティ経営の視点

特に③の視点は地方公務員にとっても重要です。多様な人材を活かす**ダイバーシティ・マネジメント**を進めることは、住民のニーズのきめ細かな把握、新しい発想による政策対応や行政サービスの実現、政策の質や行政サービスの向上に役立つものと期待されているのです。

女性活躍推進法による行動計画

「女性の職業生活における活躍の推進に関する法律（女性活躍推進法）」が2016年4月に完全施行されました。地方公共団体を含む事業主は、女性の活躍に関する定量的目標や取り組み内容を盛り込んだ「行動計画」を策定することとされています。（施行後3年の見直しを経て、2019年には情報公表の強化などの法改正が行われました。）

◢ 第4次男女共同参画基本計画と成果目標

　「女性活躍推進法」の対象が各事業主によるミクロの取り組みとすると、国全体としてのマクロの取り組みの方向性を示したのが「第4次男女共同参画基本計画（2015年12月閣議決定）」です。

　基本計画では、国全体で達成をめざす水準として「成果目標」が掲げられています。女性の登用だけでなく、職場環境の変革を求める指標として男性の育児休業取得率等についても成果目標が設定されています。

　各地方公共団体では、女性活躍推進法による行動計画の策定にあたり、基本計画の成果目標も参考にしつつ、それぞれの団体の実態を踏まえて主体的に数値目標を設定し、さまざまな取り組みが進められています。

● 図表2－9　役職段階に占める女性の割合

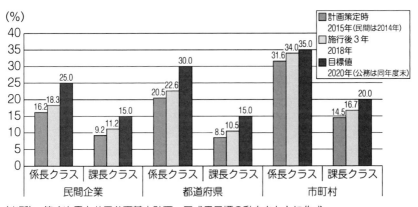

（出所）　第4次男女共同参画基本計画、同成果目標の動向をもとに作成

● 図表2－10　男性の育児休業取得率

	計画策定時	施行後3年	目　標　値
国家公務員	3.1 ％（2014年度）	10.0 ％（2017年度）	13.0 ％（2020年度）
地方公務員	1.5 ％（2014年度）	4.4 ％（2017年度）	13.0 ％（2020年度）
民間企業	2.3 ％（2014年度）	5.1 ％（2017年度）	13.0 ％（2020年度）

（出所）　第4次男女共同参画基本計画、同成果目標の動向

　男性の育児休業取得率は、北欧の高負担高福祉の国では既に7割を超えています。これらを分析した研究によると、育児休業を取得した男性の所得は、取得後長期的に少し下がることが確認されています。原因は何でしょうか。これらの国では多くの人が取得しますから仕事上の評価が低くなる訳ではなく、男性の育児休業は短期ですから職務スキルが低下する訳でもありません。原因は、育児休業を取得することで、仕事より家庭を大切にするようになるライフスタイルと価値観の変化だと言われています。日本での定着は未知数です。

◤ 女性活躍推進のポジティブ・アクション ─────────────

　女性の活躍推進が時代の要請となっており、活躍している人は昇進しているはずだという仮定のもと、管理職の女性比率が1つの指標として用いられ、国を挙げて取り組みが進められています。

　それでは、管理職の女性比率に代表される女性の活躍を推進するにはどうすればよいでしょうか。

　その対策の1つが**ポジティブ・アクション**と呼ばれる積極的改善措置です。格差是正のために、女性を有利に取り扱うことを認めようというものです。例えば、管理職に女性が少ないならば、女性候補者を男性候補者より優遇して昇進させるといった取り組みです。

　しかしながら、ポジティブ・アクションには、図表2－11のようにさまざまなレベルのものがあり、レベルややり方によっては、平等原則に反し、逆差別として受け入れがたいものとなります。

　特に、地方公務員については注意が必要です。男女雇用機会均等法は、一定の条件の下でポジティブ・アクションを認めていますが（8条）、この規定も**地方公務員は適用除外**されています（32条）。機会の平等は既に確保されているためです。本来の平等取扱いの原則（地公法13条、15条）の考え方に立って取り組みを進めていくことが重要です。

　図表2－11のAのグループは強制等にならなければ問題はないでしょう。Bはぎりぎり可能なものもあるでしょうが意見が分かれるところです。Cは問題があるというのが一般的な意見のようです。

● **図表2－11　ポジティブ・アクションのレベル**

区分		取り組みの例
A (穏便)	① 意識の改革	ワーク・ライフ・バランスなどの職員の意識改革を進める
	② 研修の充実	女性の能力向上のための研修を充実させる
	③ 昇任の奨励	昇任試験への女性の受験を奨励する
B (中間)	④ ゴール・アンド・タイムテーブル方式	管理職に占める女性割合の目標や達成目標年次を掲げて、目標に向けて取り組む
	⑤ プラス・ファクター方式	昇任試験の合格ボーダーラインでは女性を合格させる→同点なら女性を合格させる
C (強行)	⑥ クオータ制（割当制）	昇任試験の合格者数をあらかじめ男女別に決めておく→女性のみの昇任試験の実施
	⑦ 積極的な優遇措置	昇任試験の合格基準点を男女別に設定する→女性について、点数のかさ上げ、合格点の引き下げ

（出所）　男女共同参画会議資料等を参考に作成

男性も女性も輝ける社会へ

　女性職員の活躍推進には、出産や子育て等で仕事から離れた期間の職務能力の向上を中心としたキャリア支援に加え、これまでのような**男性を中心とした人事管理や働き方**について、制度と意識を抜本的に変革していく必要があります。男性職員についても、過度な長時間労働に代表される従来の働き方をもう一度見つめ直してみる必要があるでしょう。

　そうでなければ、時間制約のある職員は、限られた仕事にしか就けず、管理職にもなれません。家庭との両立支援制度の活用等によってなんとか雇用継続できても、キャリアの道筋が見えないマミートラックに陥ることになってしまいます。

　これらは、組織内の役割分担についての硬直的な考え方や、長時間労働が前提となっている組織のあり方こそが原因であり、このような状況から脱却するためには、登用をはじめとした**人事管理面での改革**と同時に、**働き方の改革**を進めていくことが重要だと考えられています。

column

行き過ぎた「ガラスのハイヒール」

　各地方公共団体は、第4次男女共同参画基本計画（基本計画）の成果目標を横目で見ながら、女性活躍推進法による「行動計画」を策定し、それぞれが設定した数値目標を念頭に取り組みを進めています。

　ただ、この分野でも各地方公共団体の間に大きな温度差があります。典型的な指標である**「管理職の女性比率」**を都道府県についてみると、基本計画が示された翌2016年の時点で、既に成果目標の15％を上回っている団体から3％台という非常に低い団体まで、格差が大きい状態だったからです。

　ここで注目すべきは、現状が成果目標と乖離している団体です。中でも問題なのは、その団体の現状や育成の課題などを度外視して、何が何でも基本計画の成果目標の値を目標に設定し、達成しようとしている団体です。

　このような団体で、数値目標だけが一人歩きし、数字合わせのための登用が行われるようになると、平等取扱いを旨とすべき適切な人事管理が行われなくなり、職員への悪影響は計り知れないものとなることが危惧されます。

　そんな団体の一つで、職員に取材を行うことができました。複数の職員から**「スカートを履いていれば昇任できる」**という言葉を耳にしました。女性なら誰でも昇任できるというのです。これは少し極端な言い方でしょうが、深刻な事態になっていないことを祈るばかりです。

　昇任時の女性に「下駄を履かせる」行為は**「ガラスのハイヒール」**と呼ばれています。履かせたハイヒールに中身がないことを表すとともに、女性の昇進の限界を指すガラスの天井も想起させるもので、言い得て妙な言葉です。本文で述べたとおり、男女雇用機会均等法で民間企業には一定の条件で認められているポジティブアクションも、地方公務員は適用除外されています。行き過ぎた「ガラスのハイヒール」はトンデモないことです。

　女性の活躍推進は、女性の管理職比率を高めることが目的ではないはずです。女性のような時間制約のある職員でも、その能力を活かし、活躍していけるような組織としていく、そんな基本に立ち返りたいものです。

6　任命権者と人事委員会

ここがポイント

　地方公共団体の人事行政について最終的な権限と責任を持つ人事機関として、任命権者と人事委員会・公平委員会があります。任命権者は人事権を行使します。その公平・公正を確保するため人事委員会・公平委員会があります。

どうして人事機関があるの？

　地方公共団体は職員を雇用して公務を執行しています。そこでは必要な政策に相応しい部署を作り、職員を採用して配属し、勤務する条件を決めて業務に励ませるといった人事行政が必要となります。こうした人事行政の最終的な権限と責任を持つのが「人事機関」です。人事機関には「任命権者」と「人事委員会・公平委員会」があります。

任命権者ってなに？

　職員の任命をはじめ、人事評価、休職、免職、懲戒などの人事権を職員に対して直接行使する機関を任命権者といいます（地公法6条1項）。
　都道府県の職員の任命権者は都道府県知事、市町村の職員の任命権者は市町村長です。主なものを例示すると次のようなものがあります。
　一般に、長の任命権は、長の補助機関に属する職員を対象とします。

● 図表2-12　任命権者の例

任命権者	職員
都道府県知事	都道府県の職員
市町村長	市町村の職員
議会の議長	議会事務局の職員
教育委員会	教育委員会事務局の職員
警察本部長	警察本部の職員
公営企業の管理者	公営企業の職員

◢ 人事委員会・公平委員会とは --

　任命権者が人事権を適正に行使するよう助言や審査を行う行政委員会です。長から独立した合議制の**専門的人事行政機関**とされていて、民主的で能率的な人事行政を保障することが目的です。

　①都道府県と政令指定都市は人事委員会を置くこととされています。②特別区と人口15万人以上の市は、人事委員会または公平委員会を置くこととされていて、現在、特別区と和歌山市が人事委員会を置いています。③その他の市町村や組合には公平委員会を置くこととされています（地公法7条）。

●図表2-13　人事委員会・公平委員会の設置状況

区　分	設置団体	備　考
人事委員会	都道府県、政令指定都市、特別区、和歌山市	――
公平委員会	その他の市、町、村、地方公共団体の組合	行政的権限なし

◢ 人事委員会・公平委員会ができること --------------------------------

　給与等に関する人事委員会勧告がよく知られていますが、次のような権限を有しています（地公法8条）。

●図表2-14　人事委員会・公平委員会の権限

区分	主な権限の例
行政的権限	人事行政に関する調査・勧告※・意見の申し出 競争試験や選考の実施
準司法的権限	勤務条件に関する措置要求の審査 不利益処分に関する審査請求の裁決
準立法的権限	人事委員会規則の制定 公平委員会規則の制定など

※地方公務員法が定める人事委員会の勧告
　[→対 議会・長] 勤務条件（8条1項5号、14条2項）、給料表（26条）
　[→対 任命権者] 人事行政の運営（8条1項4号）、人事評価(23条の4)、研修(39条4項)
　[→対 権限機関] 措置要求（47条）

3章 地方公務員の人事の しくみと実際

1 ますます変化する職員採用

ここがポイント

　地方公務員の人事は、職員の「採用」から始まります。成績主義の原則が基本です。公務に相応しい有為な人材を確保するため、さまざまな工夫が繰り広げられています。

■ 基本は「成績主義の原則」

　職員の採用は、「受験成績その他の能力の実証に基づいて行わなければならない」とされています（地公法15条）。成績主義の原則です。適切な人材の確保と人事の公正の確保を目的としています。

■ 採用試験または選考で採用

　採用は、採用試験または選考により行われます（地公法17条の2、18条）。採用試験は不特定多数の者を対象とした競争試験で、選考は特定の者がその職に適格かどうかを確認するものです。いずれも、受験者が標準的な職務を遂行する能力があるか、適性を有しているかどうかを判定することを目的としています（地公法20条1項、21条の2第1項）。

　なお、採用試験は、受験資格のある全ての国民に対して平等の条件で公開されなければなりません（地公法18条の2）。

　人事委員会を置く地方公共団体では、人事委員会は試験ごとに採用候補者名簿を作成し、合格者の氏名と得点を記載します。職員の採用は、この名簿に記載された者の中から任命権者が行います（地公法21条）。

◢ 採用試験の競争率は下降傾向 ------------------------------

　図表３－１のグラフは過去 20 年の採用試験の競争率の推移を示したものです。

　大きな流れとしては下降傾向にあると言えそうです。もちろん、短期的には景気変動の影響等も受けていますし団塊の世代をはじめとした大量退職の影響もあるでしょう。しかし全体としては下降傾向にあるようです。原因は定かではありませんが、公務員バッシングと呼ばれるような風潮が続いていることの影響も指摘されています。

　特にここ数年は、雇用情勢が好転し、人手不足で売り手市場が続く中、就職する学生の民間への流れは加速し、公務員志望者の減少がさらに進んでいます。比較的規模が大きく、これまで安定した受験者数を確保できていた地方公共団体でも、採用予定者数をもとに想定していた２次試験の面接受験者数より、１次試験の受験者数が少なかったという事態が生じているところも出てきています。

　こうした状況のため、受験者数という量の問題もさることながら、顕在化しにくい質の問題も危惧されています。

●図表３－１　採用試験の競争率の推移

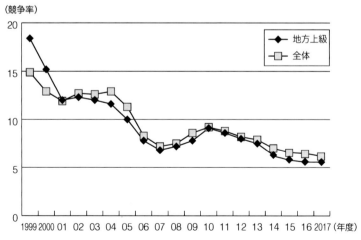

（出所）　総務省「平成 29 年度地方公共団体の勤務条件等に関する調査」をもとに作成

✐ 採用試験の試験区分

　地方公務員の採用試験は、職種別・学歴程度別に実施されるのが一般的です。

　職種は、一般事務職・教育事務職などの事務職のほか、土木職・建築職などの技術職、薬剤師・保健師などの医療関係職から、警察職や消防職まで多岐にわたります。

　学歴の区分は、上級・中級・初級など呼称はまちまちであるものの、かつては、それぞれ大卒・短大卒・高卒等を要件としていましたが、近年では、年齢を指定して、大卒程度・短大卒程度・高卒程度等に区分し、実際の学歴は要件としないことが多くなっています。

　このほか、民間企業等の職務**経験者の採用**も拡大の方向にありましたが、評判はあまり芳しくなく、技術職に限定するところや、公務員経験者枠を設けるところも出てきました。公務員試験にお決まりの**年齢制限を撤廃**した団体もあります。

✐ 採用試験の内容は？

　改正前の地方公務員法では、採用試験についてこと細かく規定されていました。「筆記試験により、若しくは口頭試問及び身体検査並びに人物性行、教育程度、経歴、適性、知能、技能、一般的知識、専門的知識及び適応性の判定の方法により、又はこれらの方法をあわせ用いることにより行うものとする」とされていたのです（旧20条）。

　しかし、改正後は「採用試験は、筆記試験その他の人事委員会等が定める方法により行うものとする」と改められました（地公法20条2項）。各団体の自律的な判断が求められています。的確な人材確保のための方策がますます多様化していくことでしょう。

　採用試験の方法としては、筆記試験として教養試験・専門試験がそれぞれ択一式・記述式で行われ、面接試験として個別面接・集団面接・集団討論等が行われます。これらを全て行う団体もあれば、このうちのいくつかを組み合わせて実施しているところもあります。

▨ 変わりゆく採用試験 ··

　近年は人物重視の風潮の高まりとともに、少数精鋭の要請から、面接試験を重視する傾向にあります。集団面接はもちろん、個別面接も受験生と同世代の若手職員による面接と従来の管理職による面接の両方を実施している団体もあります。その一方で、面接機会を増やすと受験生が逃避するとして、面接回数を減らした団体もあります。

　筆記試験も、専門試験を重視している団体がある一方で、専門試験を課さない団体も増えています。

　専門試験を課さない団体で象徴的な動きとしては、民間企業の就職活動で多く使用されている**ＳＰＩを試験科目に**するところが増えてきたことが挙げられます。ＳＰＩは性格と能力を測定する総合適性検査です。いわゆる「公務員試験」のための特別な準備を必要とせず、民間企業の就職先と同じように受験できるようにする。そうすることで、民間企業と競い合って、これからの現代社会で通用する人材を獲得しようというのがねらいです。既に一部の市では、大卒程度の事務職の全ての採用について、民間企業と同様に、インターネットでエントリーさせ、ＳＰＩを経て、面接を繰り返して採用を決定することとしたところも出てきています。

▨ 俺と一緒に仕事しようぜ ································

　名古屋市は2016年度職員採用のリクルーターにイケメンのゴリラ「シャバーニ」を起用しました。シャバーニは名古屋市立東山動植物園のゴリラですから、「俺と一緒に仕事しようぜ」というのです。一緒に仕事をするかどうかはともかく、そのインパクトは大きく、米国のウォールストリート・ジャーナル誌までもが取り上げたほどです。

　採用試験の内容にさまざまな工夫を加えたとしても、まず受験生の目に留まる仕掛けが必要だというのです。市の仕事の意義等とともにシャバーニが語りかける動画は、市のウェブサイトでも公開され、これまでに２万回を超えて再生され、いまも見ることができるそうです。

　各地方公共団体が知恵を絞って、人材の確保に奔走しています。

障がい者の採用

　障がいのある人も、能力と適性に応じた雇用の場に就き、地域で自立した生活を送ることができるような社会の実現をめざしています。

　障がい者雇用の政策には、**差別禁止**と**雇用割当**のアプローチがあり、「障害者雇用促進法」が基本的な事項を定めています。

　雇用割当のアプローチの大枠は、企業に障がい者を一定割合雇用することを求め、割当量を達成できない分に応じた納付金の支払いを受け、それを財源に、障がい者を雇用している企業に各種助成を行うというものです。この障がい者を雇用すべき一定割合が「**法定雇用率**」と呼ばれ、この部分だけは公務員にも適用されます。対象となる障がい者は、身体・知的・精神障がい者です。障がいのある人が意欲と能力を発揮し活躍できる場の拡大を検討することが求められています。

　地方公共団体では、障がいのある人を対象とした採用試験で採用された職員の処遇をみると、**一般事務職の採用者と同じ給料表を適用**して、初任給基準もその後の昇給も同様としている例が多くなっています。

　なお、法定雇用率算定の対象となるのは、**正規職員か否かを問わず**、1週間あたりの所定労働時間が20時間以上で、1年を超えて雇用されているか雇用される見込みの者とされています。このため、会計年度任用職員は該当しないのが原則ですが、再度の任用などの場合に該当することもあります。これらを踏まえた検討が必要となっています。

● 図表3－2　障がい者の採用の状況

（単位：%）

	地方公共団体			民間企業		
	都道府県	市町村	教育委員会	全体	300-500人	45.5-100人
法定雇用率	2.5	2.5	2.4	2.2	2.2	2.2
実際の雇用率	2.44	2.38	1.90	2.05	1.90	1.68
法定雇用率を達成した企業（機関）の割合	61.5	69.6	39.0	45.9	40.1	44.1

※法定雇用率は、2021年4月までに、全区分でさらに0.1%引き上げられる。
（出所）　厚生労働省公表資料をもとに作成

column

ＳＰＩ採用試験が拡大するもう１つの理由

　地方公務員の採用試験で、専門試験を廃止したり、民間企業と同じＳＰＩ試験を課すところが増えています。これらの動きの大義名分は、公務員試験のための特別な勉強をしてきたような学生ばかりではなく、民間企業の就職活動をしている普通の学生でも受験できるような試験が望ましいといった考え方です。

　しかし、実際にはもう１つの理由が見え隠れします。それは、採用事務担当者の都合です。公務員の受験者は減少傾向にありますから、採用事務担当者は**受験者数の確保を最優先**する傾向があるのです。受験準備がたいへんな専門試験等をなくせば、受験者数が増えるという訳です。

　ところが最近の経営学の研究成果では、**大人数の応募者からの選抜が望ましいという考えは必ずしも正しくない**というものがあります。応募者を増やすことにコストを掛け、さらにそれを絞り込むことにコストを掛けるだけで、最終的に採用される者のレベルが向上するとは限らないと言います。

　下表は、ある市の採用試験の状況です。専門試験を課さない試験区分では確かに受験者数は増加しているものの、受験者の平均正答率は約 58 ％と高くありません。この市の場合は何とか最終合格者のレベルは維持しているものの、応募者の増大はコストの増大を招いているだけという結果になっています。これは上記の研究成果と整合的です。

	受験者数／募集人員（人／人）	受験倍率（倍）	教養試験の平均正答率	
			受験者全員（%）	合格者（%）
試験区分① 教養試験 専門試験	705／80	8.8	70.5	79.8
試験区分② 教養試験のみ	1419／80	17.7	58.2	78.3

　採用試験制度の見直しは、受験者数を増やすことが目的ではなく、公務に相応しい有為な人材を的確に獲得することが目的です。このことを再確認したいものです。

2　人事異動の「ぶっちゃけ」

ここがポイント

　地方公務員制度の中で職員の関心が最も高いのが人事異動です。仕事で報いる方式、遅い選抜、トーナメント方式をキーワードとして人事異動について考えます。職員の思いと人事課の思いのすれ違いについても考えてみましょう。

◢ 「任用」ってなに？

　人事異動について、地方公務員法では「任用」という言葉が使われます（15条等）。なんとも分かりにくい言葉です。

　任用とは、特定の人を特定の「職」に就けることで、採用、昇任、降任、転任のいずれかの方法で行われます。

　①　採用…職員以外の者を職員の職に任命すること
　②　昇任…職員を現在の職より上位の職に任命すること
　③　降任…職員を現在の職より下位の職に任命すること
　④　転任…昇任・降任によらず他の職に任命すること

（地公法 15 条の 2 第 1 項、17 条 1 項）

縦の異動と横の異動

　これらのうち、②昇任・③降任・④転任がいわゆる人事異動です。

　②昇任・③降任は、上位の職や下位の職に異動する「縦の異動」で、④転任は、同位の職に異動する「横の異動」です。

◢ 人事異動は能力の実証による（成績主義）

　職員の任用である人事異動は、「人事評価その他の能力の実証に基づいて行わなければならない」とされています（地公法 15 条）。成績主義の原則です。

　具体的には、就けようとする職についての標準職務遂行能力と適性を有すると認められる者の中から行うこととされています（地公法 21 条の3 ～ 21 条の 5）。

◤ 地方公務員の最大関心事は「人事異動」？

　公務員ほど人事異動に強い関心を持つ人種はいないと言われています。4月1日付の定期異動が終わって間もない4月の県庁周辺の赤ちょうちんでは、もう来年の人事異動について語るにわか人事課長が大勢いるそうです。また誰も読まないような庁内誌も、人事異動の予想欄だけは見ない人はいないと言います。伏せ字などあろうものなら、噂は庁内を駆け巡り、勘違いも含めて自分のことかとソワソワする人も多いとか。

　どうして公務員はこんなにも人事異動が気になるのでしょうか。筆者は、遅い選抜のもと、仕事で報いる方式の人事異動がそうさせるのではないかと考えています。

◤ 「仕事で報いる方式」とは

　地方公務員の人事の1つの特徴は、「仕事で報いる方式」の人事であることです。

　「仕事で報いる方式」とは、仕事で挙げた業績に対して、目先の給与で報いることより、次の仕事の内容で報いることに重点を置いた人事という意味です。思わず「Good Job！」と叫びたくなるようなよい仕事をした職員や「あいつはデキる」と唸らせるような職員には、次の異動で、より重要な難しい仕事を任せようとする人事が行われます。

　そして、その長年にわたる積み重ねの結果として、同じ年に入庁した職員でも、定年退職を迎える頃には、部局長を経て特別職になっている職員から係長にもなっていない職員までいるのです。さらにその結果として、給与面でも大きな差が生じているのが実態です。

　このような「仕事で報いる方式」の人事のもとでは、次に誰がどの仕事に就くのかが大きな関心事となるのではないでしょうか。

◤ 「遅い選抜」ってどういうこと？

　地方公務員の人事のもう1つの特徴は、「遅い選抜」です。

　一般に「遅い選抜」とは、昇進の選抜時期が遅いということです。同

期の中から最初に差が付く昇進をする人が現れる**「第1選抜出現期」**
や、もう昇進しないだろうという人が現れる「横ばい群出現期」が、ア
メリカなどと比べて日本企業は遅いことを指してこう呼ばれます。

　地方公務員の人事では、「遅い選抜」で知られる日本企業よりさらに
遅い「遅い選抜」が行われています。例えば、入庁後の約10年間、同
期の職員はみな同じ時期にヒラ職員→主任→主査などとなり、休職者な
どのレアケースを除いて、昇進では全く差が付きません。しかし、約
10年が過ぎた「第1選抜出現期」以降は、急に大きく昇進の差が付き
始めるのです。

　しかし、昇進では差が付かない期間においても、着実に人事評価は行
われ、積み重ねられています。それが「仕事で報いる方式」で行われて
いますから、職員は同じ職位にあってもどんな仕事を任されるかが重要
であることを肌身に染みて知ることになります。

　このことも、人事異動が職員の最大の関心事となる要因の1つでしょ
う。

●図表3-3　遅い選抜の実態

区　分			第1選抜出現期	横ばい群出現期
民　間	米　独		3～4年	10年前後
	日　本		7～8年	約20年
		スーパーなど大卒を多く採用する業種	3～4年	約15年
		伝統のあるメーカーなど	約10年	20年超
公　務	日本の地方公務員（A県の例）		14年	23年

（出所）　［民間］小池和男『仕事の経済学［第3版］』東洋経済新報社、2005年、72頁～
　　　　　76頁をもとに作成
　　　　　［公務］A県の行政職（上級職）職員について調査し作成

「遅い選抜」の長所と短所

　遅い選抜のメリットは、多くの職員の能力を引き出しやすいというこ
とです。早い選抜に漏れた職員は早くからやる気を失うでしょう。また
高いスキルは長い実務経験を通して培われることを考えても都合がよい

と言えます。さらに、長い選抜期間には、複数の上司による評価が行われることになり、個々の上司による恣意的な評価を薄める効果もあります。

一方、デメリットは、なかなか昇進できない有能な職員の意欲を削ぐおそれがあることです。それでは真のリーダーの育成にそぐわないという指摘があります。この点を重視しているのがアメリカの企業です。

元公務員による公務員批判の落とし穴

昔からある公務員批判の1つに、「公務員は仕事をしてもしなくても差が付かないから誰も頑張らない」というものがあります。中でも元公務員という人が主張していることがよくあります。しかし、彼らの多くが数年で公務員を退職していて、その年数では昇進の差が付かないという遅い選抜の実態を知らないまま主張していることが少なくありません。

◢ 昇進は「トーナメント方式」 ------------------------------

このほかの地方公務員の人事異動の特徴を見ておきましょう。

1つは、地方公務員の昇進もトーナメント方式だということです。

公務員の昇進については、よく誤解されるように、全員が同じように昇進しているわけではありません（図表3−4①）。また、昇進の時期に早い遅いはあっても全員が昇進する（図表3−4②）という見方もまちがっています。ピラミッド型の組織ですから、同期入庁の職員が全員部局長になることはできません。つまり、全員が同じように昇進することはありえないのです。

現実には、同期の集団の中から抜け出て昇進する者がいて、その昇進した集団の中から抜け出てさらに上位へ昇進する者がいるというトーナメントが繰り広げられています（図表3−4③）。多くの場合、最上位まで昇進する職員は、同期の中では最も早く最初の昇進をした集団の1人ですし、次の昇進でも最も早く、といったことを繰り返してきた人です。最初の昇進が遅かった人が後から巻き返すことは極めて少ないのが現実です。それは、マラソンの途中でトップ集団から脱落した人が巻き返すことは滅多にないことと似ています。

●図表3－4　組織内キャリアツリーの3類型

①　一律昇進モデル

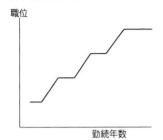

②　昇進スピード競争モデル

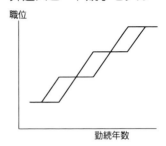

③　トーナメントモデル

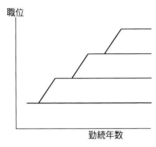

（出所）　日本労働研究機構『組織内キャリアの分析』1994年、11頁を参考に作成

トーナメント方式のメリット

　競争は、互角に渡り合っている者同士のときに最も努力を引き出すことができると言われています。大人が子どもを相手にケンカをして力を出し切ることはないということです。昇進による各段階の地位は、次の昇進に向けて競争すべき相手を特定しているという側面を持っているのです。

■ 職員の思いと人事課のすれちがい ──────────────

　人事異動を巡る最大の問題の1つは、職員の思いと人事課の思いのすれ違いではないでしょうか。

　人事異動の目標は「適材適所」でしょう。では、適材適所とは何で

しょうか。おそらく、各職員がそれぞれ最大の成果を挙げることができる配属だと考えられます。しかしこれはなかなか厄介なものです。

　簡単な例で考えてみましょう。いまここに、AさんとBさんの2人の職員がいるとして、企画と広報の2つのポストに1人ずつ充てるとします。2人とも企画と広報の経験があり、Aさんは、企画に配属されれば10、広報に配属されれば8の成果を挙げることが期待できます。同様にBさんは企画なら9、広報なら6だとします。この場合、どのように配属すべきでしょうか。

● **図表3-5　配属先によって異なる成果の例**

職員	企画 (a)	広報 (b)	(a)と(b)の 多い方	差 (a)-(b)
Aさん	10	8	10	2
Bさん	9	6	9	3

　まず職員の思いはどうでしょうか。例えば、あなたがAさんだとしましょう。Bさんは同期のライバルを思い浮かべてください。すると、Aさん（あなた）はこう思います。「企画にいたときも、広報にいたときも、成績は自分の方がよかった。Bさんも広報より企画の方が得意だが、自分も企画の方が得意だ。今回の異動では、Bさんも企画を希望しているようだが、自分も企画を希望している。企画に行けば、自分の方が高い業績を挙げる自信がある」と。この場合、Aさん（あなた）は「自分が企画に配属されるべきだ」と思うでしょう。

　一方で、人事課の思いはどうでしょうか。人事課としては、組織全体として最大の成果を挙げられるように配属しなければなりません。

　ここで、2つのケースが考えられます。図表3-6を見てください。まず、ケース1です。常に成績がよかったAさんの希望をかなえて、あるいは、企画に配属された場合に高い成果が期待できるAさんを企画に配属し、Bさんを広報に配属することとした場合です。この場合の組織全体の成果は10＋6＝16となります。

　もう一つのケースはどうでしようか。ケース２です。成績の悪かった
Ｂさんを企画に配属し、Ａさんを広報に配属する場合です。ありえない
と思いますか？　しかし、この場合の組織全体の成果は８＋９＝１７と
なります。ケース１より大きくなります。

●図表３－６　　個人の成果と組織の成果

	ケース１	ケース２
Ａさん	企画 10	広報 8
Ｂさん	広報 6	企画 9
組織の成果	16	17

　職員の思いとしてはケース１を希望するものの、人事課としては組織
全体のことを考えてケース２を選択することとなります。これはほんの
一例に過ぎませんが、職員の思いと人事課の思いの間には、さまざまな
形でのすれ違いがあることは事実なのです。

人事経済学の発展

　上記の例について、スタンフォード大学のエドワード・ラジアー教授
は、それぞれの人がそれぞれの仕事に就いたときに期待できる成果の差
を**絶対的優位性**（Absolute Advantage）と呼び、これが大きい人を基
準とした方のポストに（上記の例では、企画－広報の値が大きい人を企
画に）配属することで組織全体の最適化が得られることを示しました。

　この例のような、人事に関するさまざまな作用を経済学の観点から分
析する「人事経済学」が、近年めざましい発展を遂げています。

【参考文献】

○ラジアー,E.P.『人事と組織の経済学』日本経済新聞社、1998 年。同・実践編、
　日本経済新聞出版社、2017 年

column

七五三離職、地方公務員は？

　七五三離職が社会問題となっています。学校を卒業してせっかく就職したのに、入社後3年以内にその会社を辞める人の割合（離職率）が、中卒で7割、高卒で5割、大卒で3割となっていることから七五三離職と呼ばれています。雇用情勢が改善し売り手市場となっている現在でも大きな変化は見られません。厚生労働省の統計でも、2019年3月末に採用後3年を終えた年代の離職率は、大卒で32.0％、全体で35.6％となっています。**若年者の早期離職**の実態です。

　地方公務員はどのような状況でしょうか。ある政令指定都市が厚生労働省と同様の算定方法で離職率を算出したところ、直近の3年で3％台〜4％台だったそうです。統計資料で同様のデータは見当たりませんが、次のような近似の値を推計してみました。総務省の「地方公務員給与実態調査」で一般行政職（大卒）のデータ（2013年〜2018年）を用いて、各年度における採用者数の規模と、30歳未満の退職者数の規模を抜き出し、その比率を算出しました。この推計方法では上記の離職率より高めの値となる可能性がありますが、推計結果を見ると、政令指定都市で3％台〜4％台、都道府県は少し高く8％台で推移しています。民間企業で早期離職が少ないといわれる製造業（2019年3月末・大卒19.6%）や金融業（同23.0%）と比べても、かなり少ない値となっています。

　民間企業の若年早期離職の要因を分析した研究によれば、中長期では経済情勢の影響があり、産業構造、企業行動の変化とともに、離職する個人の意識が要因として挙げられています。離職者が挙げる離職理由は、仕事が自分に合わない、仕事の内容・労働条件が思っていたものと違うといったミスマッチや人間関係を挙げるものが多いと報告されています。

　地方公務員の早期離職が少ないのは何故でしょうか。

　公共意識の高い学生が公務の仕事に就き、仕事の内容にやりがいを感じて、離職することなく公務を遂行しているため、であると期待しています。

3　これが昇任・昇格のメリットだ！

ここがポイント

> 　地方公務員の昇任・昇格（いわゆる昇進）について考えます。昇任は、能力の実証に基づいて行われることになっています。はたして、「昇格しても給与は変わらない」のでしょうか。昇格のメリットについて見てみましょう。

◢ 昇任と昇格ってどうちがう？

　地方公務員の昇進には「昇任」と「昇格」があります。

　昇任は、職員を現在の職より上位の職に任命することで、職制上の段階が上がることです（地公法15条の2第1項2号）。

　昇格は、職員の給料表上の級を上位の級に変更することで、給料表上の格付けが上がることです。つまり給与の話です（人事院規則）。

　昇任と昇格は同時に行われるのが一般的です。例えば、係長から課長補佐に昇任して、課長補佐の職務が等級別基準職務表の上位の級に当たる場合は、給料表上も昇格したことになります。

　しかし、給料表上の同じ級の中で上位の職に任命される場合など、昇任と昇格が相違する場合もあります。

◢ 昇任の方法とは

　職員の昇任は、受験成績、人事評価その他の能力の実証に基づいて、昇任させようとする職の標準職務遂行能力と適性を有すると認められる者の中から行うとされています（地公法21条の3）。

　そして、能力の実証は、**「昇任試験」または「選考」**によるとされています（地公法21条の4）。

　「昇任試験」は、管理・監督職の入口に当たる係長への昇任について行われることが多く、その他の職位への昇任は人事評価を中心とした「選考」で行われるのが一般的です。係長への昇任についても、「昇任試験」は実施せず「選考」で実施する団体も多くあります。

🏳 昇格しても給与は変わらない？ --------------------------------

　近年、昇進を望まない職員の増加が問題となっています。上位の職務そのものの魅力の低下や仕事と生活のバランスの問題など、さまざまな事柄が影響していると考えられますが、ここでは給与面での昇格のメリットについて考えてみましょう。

　地方公務員の都市伝説の1つに、「昇格しても給与は変わらない」というものがあります。若い部長の公用車を運転している年配の運転員の給与の方が部長の給与より高かったといった話です。本当でしょうか。

🏳 昇格のメリットはどれくらい？ --------------------------------

給料＝基本給

　もともと給料表は、上位の級に上がるほど、号給と号給の間の差額が大きく設定されていますから、上位の級に在る年数が長いほど給料は高くなります。

　1992年からは、新昇格制度として、昇格して1つ級が上がるときに対応する号給を1号上位の号給にする**「1号上位昇格制度」**が導入されました。この昇格時の号給決定の考え方は現在も維持されています。

　さらに2006年の給与構造改革では、職務と職責に応じた給料水準への改正として、給料表の各級の給料額は年数で上昇しても上位の級の額にはできるだけ届かないように級間の重なりを縮減する改正が行われました（図表7－12、本書171頁参照）。

管理職手当

　管理職に昇格した場合には、管理職手当が支給されます。

　さらに2007年度から管理職手当は定率制から定額制へと改正され、年功的に上昇する給料額の影響が弱められました。

期末・勤勉手当

　期末・勤勉手当（いわゆるボーナス）についても、単に給料月額に月数を掛け合わせるだけでなく、管理職には管理職加算、役職者には役職加算として一定率が加算されるしくみになっています。

昇格による給与の差

　以上のような制度の下で、昇格による給与差の実態はどうでしょうか。同じ56歳〜59歳の大卒職員で、最上位の部長や局長・課長・係長に昇進した職員と、係長以上の役職に就いていない非職階の職員の給与を比較したのが図表3-7です。

　基本給に当たる給料月額で3割〜4割の差があり、管理職手当や期末・勤勉手当を含めた年収では6割程度の差があることが分かります。

●図表3-7　職階間の給与格差（56歳〜59歳）

一般 行政職 （大卒）	都道府県				指定都市			
	給料月額		年収		給料月額		年収	
	（円）	（指数）	（円）	（指数）	（円）	（指数）	（円）	（指数）
部局長	475,981	131.6	11,354,960	158.9	527,911	140.0	12,950,512	166.1
課長	424,078	117.2	9,441,216	132.2	442,114	117.2	10,241,207	131.4
係長	387,924	107.2	7,687,724	107.6	406,367	107.7	8,428,667	108.1
非職階	361,785	100.0	7,143,801	100.0	377,192	100.0	7,796,460	100.0

（出所）　総務省「平成30年地方公務員給与実態調査」のデータを用いて試算

昇格のメリット

　給与面の昇格のメリットは、民間企業における役職間の給与格差に匹敵するものとなっています。「昇格しても給与は変わらない」という都市伝説は事実とは異なると言えるでしょう。

　能力のある職員が、高いモチベーションをもって市民のために活躍し、昇任・昇格をめざすような公務職場であってほしいものです。

column

複線型の係長昇任

いま係長への昇任は、「係長試験による昇任」と「選考による昇任」の両方に道をひらく複線型で実施する団体が増えてきています。

かつての六大都市に代表される係長試験は厳格な運用の歴史が長く、この係長試験に合格しない限り、退職するまで管理・監督職にはなれませんでした。この厳格な運用が職員のやる気の原動力となっていた時代は、それでよかったのです。

しかし、時代が変わり、人々の価値観が多様化し、多くの人がワーク・ライフ・バランスの重要性を強く認識するようになった現在では、係長試験が逆に作用する事態が生じてきたのです。

具体的には、高い能力があって、仕事でも成果を挙げているにも関わらず、管理・監督職などに昇任することを嫌忌し、係長試験を受けないという職員が増えてきたのです。つまり、係長試験は、昇任するかしないかを、職員の側で選ぶことができる制度へと変貌しているのです。

そこで、係長試験のみによる昇任を厳格に実施してきた団体で、複線化の動きが出てきているのです。係長試験によらず人事評価を中心とした選考による昇任の制度があれば、能力があって仕事でも成果を挙げている職員が自分で「昇任しない」という選択肢を選ぶことはできないからだそうです。

なんとも理解しづらい時代になったものです。高い能力を持つ人には、高い士気をもって、ぜひ世の中のために頑張ってほしいものです。

いずれにしても、昇任に当たっての「能力の実証」を複線化することは、**人事の複線化**の1つとして、望ましいことだと言えるでしょう。

4　職員になれない「欠格条項」の改正

ここがポイント

　職員となることができない事由の規定を欠格条項といいます。既に職員である人が欠格条項に該当することとなると失職します。欠格条項は、職員となる際の要件であるだけでなく、職員であり続けるための要件でもあるのです。

◢ 欠格条項の種類・ねらい・改正

　地方公務員法は職員となることができない事由を定めています。職員となる資格を欠くといった意味で「欠格条項」と呼ばれています。
　次の４つが欠格条項として規定されています（地公法16条）。

①　禁錮以上の刑に処せられ、その執行を終わるまでの者、またはその執行を受けることがなくなるまでの者
②　その地方公共団体において懲戒免職の処分を受け、処分の日から２年を経過していない者
③　人事委員会の委員で一定の罪を犯し刑に処せられた者
④　政府を暴力で破壊しようとする政党や団体に加入した者

欠格条項の趣旨

　職員となる機会は全ての国民に平等でなければなりませんが、職員は全体の奉仕者として公共の利益のために勤務するわけですから、それに相応しい一定の要件を定めているのです。これらの要件を欠く人では、住民との信頼関係が損なわれるなど、安定的な行政運営に支障を来すおそれがあるからです。

「成年被後見人・被保佐人」の削除

　従来は上記の①～④の４項目のほかに「成年被後見人・被保佐人」が規定されていました。精神上の障害によって事理を弁識する能力を欠く常況に在る人や不十分な人です（民法７・８・11・12条）。これらの人の「権利の制限に係る措置の適正化等を図るため」として、2019年に地方公務員法が改正され、これらの規定は削除されました。

◢ 欠格条項による失職

既に職員になっている人が欠格条項に該当することとなった場合は、失職するとされています（地公法 28 条 4 項）。欠格条項は、職員となる際の要件であるだけでなく、職員であり続けるための要件でもあるのです。

なお、欠格条項に該当する職員が行った行為については、相手方を保護するために有効であるとされ（事実上の公務員の理論）、その間の給与も返還する必要はないとされています。

◢ 「失職特例条例」という例外

欠格条項による失職については、そもそも職員となることができないような重大な法律違反などの事由に該当する職員は失職して当然だと思うのが一般的な受け止め方でしょう。

しかし、事案によっては考えさせられることがあります。例えば、職員が過って交通事故を起こしてしまった場合に、執行猶予付きの禁錮刑に処せられることがあります。この場合も欠格条項に該当しますから、失職することになります。しかし、これが民間企業の会社員ならどうでしょう。解雇されるでしょうか。就業規則で解雇事由としている会社もあるでしょうが、その場合でも一律に解雇となることは少ないようです。この点で、民間との不均衡を指摘する意見があります。

そこで 1 つの対策として講じられているのが**「失職特例条例」**です。地方公務員法は、欠格条項による失職に、条例で特例を置くことを認めています（28 条 4 項）。裁判所が判決を下す際に、公務員が禁錮以上の刑で失職することを配慮した判決もありますが、現に交通事故で禁錮以上の刑となり失職する例も少なくないため、失職特例条例を設ける団体が多くなっています（2015 年現在、都道府県では 32 団体）。

もっとも、欠格条項の制度は、職員の資格という重大な法制度であり、特例条例は極めて例外的な場合に限られなければなりません。このことは十分に認識した上で、公務員であるために極端に厳しい処遇となることについては制度として対応していくことも重要だと思います。

5　「退職管理」の新制度

ここがポイント

　2016年4月に施行された改正地方公務員法の退職管理の新制度では、職員と職員であった者に対して、①働きかけの禁止、②再就職状況の届出・公表が義務付けられました。

人事管理における退職管理 --------------------------------------

　人事管理は、職員の採用からはじまり、人事異動はもちろん、昇進管理や給与処遇などさまざまな面を持っています。そして、退職に関わる人事管理も、高齢層職員や再任用職員の人事管理はもとより、定年制のあり方や、退職手当等の退職給付のあり方など多様な課題があります。

退職管理の新制度はここがねらい！ -------------------------------

　このような中、2016年4月に施行された改正地方公務員法の退職管理に関する規定は（38条の2〜38条の7）、**再就職者による働きかけ規制**を新設したものです。

　つまり、退職後に営利企業等に再就職した元職員は、離職前の職務に関して、現職職員への働きかけが禁止されました（地公法38条の2）。

　具体的には、離職後2年間は、離職前5年間の職務に関して、在職していた地方公共団体と再就職先との間の契約等について、現職職員に働きかけ（要求・依頼）をすることが禁止されています。さらに、幹部職員であった者については、離職前5年より前の職務に関する働きかけも禁止されています。

　なお、これらの違反については、懲役や罰金の刑罰規定が置かれています。

　また、そうした適正な退職管理を確保するため、**再就職状況の届出と公表**等の制度が整備されました。

▨ 新制度による「職員の義務」 --------------------------------

　退職管理に関する制度の新設に伴う職員の義務を整理すると図表3－8のようになります。

●**図表3－8　退職管理の新制度における職員の義務**

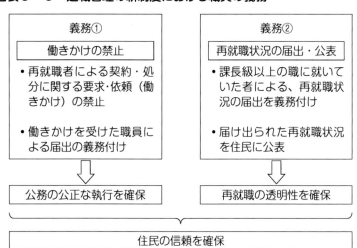

▨ 働きかけ規制の新設と対象者の現実 ---------------------------------

　改正法による働きかけ規制の新設は、天下りの批判等を踏まえた国家公務員法の改正に対応し、退職管理の適正を確保するための措置が講じられたものです。

　しかし、国と地方では、退職者の再就職の状況等が異なります。

　規制の対象となる営利企業等の再就職先について、退職手当通算法人等、地方公共団体と密接な関連を有する団体が適用を除外されることとなっていますので、これらをどのように定めるかにもよりますが、多くのいわゆる外郭団体への再就職者は、働きかけ規制の埒外にあります。

6　定年と年金のスキマ問題

ここがポイント

> 　雇用と年金の接続問題について、公務員は定年退職する職員を再任用することにより対応することが適当であると閣議決定されました。地方公務員の定年退職後の動向や再任用の実態を概観します。

◢ 雇用と年金の接続問題とは

　年金の支給開始年齢が段階的に引き上げられる中、定年がこれまでどおり60歳のままだと、給与も年金もない無収入の期間ができてしまいますので、このスキマをなんとかしようという話です。

　具体的には、2013年度に定年退職を迎えた人から、年金の支給開始年齢は61歳に引き上げられています。続いて、2015年度に定年退職を迎えた人からは62歳に、以後も段階的に引き上げられていて、2021年度に定年退職を迎える人からは65歳に引き上げられます。

　こうした状況への対応として、人事院は2011年に、定年を段階的に65歳まで引き上げるよう意見の申し出をしましたが、政府は2013年の閣議決定で、定年退職する職員が年金支給開始年齢まで再任用を希望する場合、この職員を再任用するものとし、民間企業の状況も勘案して改めて検討を行うこととしました。

◢ 民間企業の取り組みを知ろう

　高年齢者雇用安定法の改正法が2013年に施行され、年金支給開始年齢まで希望者全員が働き続けられる環境を整備し、雇用と年金のスキマで無収入となる人をなくすことをめざすこととされました。

　具体的には、企業に「**①定年制の廃止**」「**②定年の引き上げ**」「**③継続雇用制度の導入**」のいずれかの方法により高年齢者の雇用を確保することを求めています。厚生労働省の2019年「高年齢者の雇用状況」の集計結果を見ると、99％以上の企業が高年齢者の雇用確保措置を講じて

おり、その内訳は①定年制の廃止が2.7%、②定年の引き上げが19.4%、③継続雇用制度の導入が77.9%となっています。

▨ 公務員の雇用と年金の接続 ·················

　民間企業において継続雇用制度が一般的であること、公務における再任用制度がある程度定着してきていることを踏まえ、2015年12月の閣議でも、定年退職する職員を再任用することにより対応することが適当であるとされ、地方公務員についても同様の要請をすることとされました。

　地方公務員の定年退職者の現状を見てみましょう。2016年度に定年退職を迎えた人の再就職の状況を整理したのが図表3－9です。4割超の人が再任用されていることが分かります。

●**図表3－9　定年退職者の再就職状況（2016年度定年退職者）**

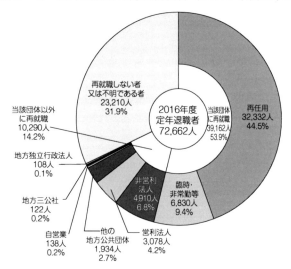

（出所）　総務省「平成29年度地方公務員の退職状況等調査」

◤ 地方公共団体の再任用職員のうつりかわり ----------------------

　再任用職員数の変化を時系列で見たのが、図表3 － 10 です。

　雇用と年金の接続としての再任用が必要となった 2014 年度から、再任用職員が急増し、その後も増加し続けています。

●**図表3 － 10　再任用職員数の推移**

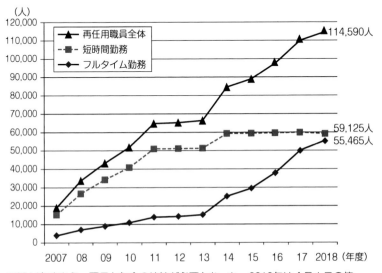

※2014年度から、雇用と年金の接続が必要となった。2018年は4月1日の値

（出所）　総務省「平成29年度地方公務員の再任用実施状況等調査」

　雇用と年金の接続としての再任用が必要となった 2014 年度からフルタイム勤務者が増加し、現在では約半数を占めるようになったものの、民間ではフルタイム勤務者が9割を超えていることを考えると、地方公共団体でもフルタイム中心の勤務を実現することが課題となっています。

7　定年の引き上げ

ここがポイント

　政府から検討要請を受けた人事院は、定年を段階的に65歳に引き上げるよう、再び「意見の申し出」を行いました。役職定年制の導入を求めるとともに、60歳以降の給与は、当分の間、60歳の7割の水準とするとされています。

◤ 再度の「意見の申し出」

　公務員の定年引き上げは、2008年に制定された**国家公務員制度改革基本法**で、雇用と年金の接続の重要性に留意して検討することとされたのが最初です（10条）。

　これを受けて、2011年には人事院が定年を引き上げるよう意見の申し出を行いましたが、政府は2013年の閣議決定で、希望者を再任用するものとし、民間企業の状況も勘案して改めて検討するとされました。

　その後、2017年から「経済財政運営と改革の基本方針」で言及されるようになり、2018年政府から検討要請を受けた人事院は、再び意見の申し出を行いました。

◤ 定年を段階的に65歳まで引き上げ

　2018年の人事院の「意見の申し出」で示された定年引き上げの構想では、一定の準備期間をおいて、**定年を段階的に60歳から65歳に引き上げる**こととしています。

　定年を引き上げる必要性としては、急速に労働力人口が減少する中で、意欲と能力のある高齢者が活躍できる場を作っていくことが社会全体の課題であるとし、複雑高度化する行政課題に的確に対応し、質の高い行政サービスを維持していくためには、60歳を超える職員の能力と経験を本格的に活用することが不可欠であると説明しています。また、定年を引き上げることにより、雇用と年金の接続が確実に図られることになるのは言うまでもありません。

役職定年制とは

定年を引き上げる一方で、役職定年制を導入するとしています。

役職定年制というのは、定年の引き上げで現在の定年である 60 歳以降も働き続けることができるようになるものの、**管理監督職員はポストを明け渡す**というものです。組織の新陳代謝を確保し、組織の活力を維持することが目的です。

具体的には、管理監督職員は、現在の定年の 60 歳に達した日以後最初の 4 月 1 日までの間に、管理監督職ではない職に降任または転任（任用換）されることになります。ただし、これを原則として、職務の特殊性などから公務の運営に支障が生じる場合は例外が認められています。

給与は 7 割水準に（根拠は大人の事情）

60 歳以降の職員の給与は、当分の間、60 歳の 7 割の水準となります。具体的に言うと、60 歳に達した後の最初の 4 月 1 日以後、給料月額は **60 歳前の 70 ％の額（四捨五入して 100 円単位）** となります。諸手当も多くは連動して 7 割となります。

7 割水準に引き下げる根拠として人事院が示したデータは 2 つです。あまり論理的なものとは言えないため、当分の間の措置として、必要な見直しを検討するとされています。

1 つは、民間企業で定年を 60 歳から引き上げた企業のうち、60 歳で給与を減額している企業が 2 割程度あり、それらの企業では平均 7 割台の給与に引き下げられているというものです。しかし、そもそも定年を 60 歳から引き上げた企業は、定年を廃止している企業等を含めても、全体の 13 ％しかありません。全体の中では非常にレアケースの企業のデータを根拠としていることになります。

> ＊定年が 60 歳超または定年制がない企業の割合＝ 13.0 ％
>
> ＊定年を 60 歳から引き上げた企業のうち
>
> 　60 歳で給与減額する企業の割合＝ 20.4 ％（非管理職）・24.4 ％（課長級）
>
> 　└→ 60 歳超の給与水準＝ 60 歳前の 72.7 ％（非管理職）・75.2 ％（課長級）

（出所）人事院「平成 30 年職種別民間給与実態調査」

　もう１つのデータは、民間全体の60歳台前半層の給与は、50歳台後半層の約７割となっているというものです。この60歳台前半層の労働者は再雇用の人が多く、50歳台後半と同じ仕事をしているとは限りません。

　以上のように、定年を60歳より引き上げている企業の多くは、一定の年齢到達を理由に給与を引き下げたりしていません。60歳を超えても引き続き同一の仕事を続けるのであれば、同一の給与水準が望ましく、７割水準への引き下げは、いわゆる同一労働同一賃金という現下の要請に沿ったものとは言いにくい内容です。これらは人事院自身が認めている事実で、定年の引き上げの実現を優先した当分の間の措置と言えるでしょう。

◾ 定年前の再任用短時間勤務制の導入

　現行では、定年である60歳以降、公的年金の満額支給年齢まで再任用制度がありますが、これは定年の段階的な引き上げ期間中も、暫定再任用として存置されることになっています。ただし、65歳定年の完成で廃止されます。

　これとは別に、**定年前の再任用短時間勤務制**が導入されます。この制度は、定年が引き上げられた以降（段階的な引き上げ期間中も）、現在の定年である60歳以上の職員が、引き上げられた定年までの間、一度退職した上で短時間勤務の職に就けるようにするものです。現行の再任用短時間職員と同様、週15時間30分から週31時間の勤務です。

●図表３－11　定年前の再任用短時間勤務制のイメージ

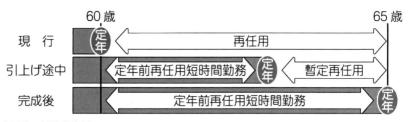

（出所）　総務省資料

　現在の定年である60歳以降の職員の希望に基づく多様な働き方を可能とするために考えられたものです。

定年引き上げの実施に向けて ···

　定年引き上げの実施に向けては課題も指摘されています。地方公務員にも関連の深いものを見ておきましょう。

⑴　能力・実績に基づく人事管理の徹底

　厳格な人事評価に基づく昇進管理など、能力・実績に基づく人事管理の徹底が求められています。特に、勤務実績がよくない職員や適性を欠く職員について降任や免職等の分限処分が適時厳正に行われるよう、人事評価の適正な運用の徹底が必要とされています。

⑵　60歳超職員の能力と経験を活かすことができる職務の整備

　60歳を超える職員が能力と経験を活かすことができる職務の整備が必要との指摘もあります。行政サービスの質の確保の観点から、スタッフ職が必要な役割を果たせるような体制に変えていくことや、複線型のキャリアパスを確立することが必要とされています。

⑶　必要な規模の新規採用の計画的な維持

　定年の引き上げ期間中も、真に必要な規模の新規採用を計画的に維持できるようにする必要性が指摘されています。定年を引き上げる年度には定年退職者が生じないため、計画的な対応による配慮が求められているのです。

⑷　60歳前の給与カーブのあり方の検討

　60歳前の給与カーブも含めてそのあり方を引き続き検討していく必要があるとされています。現行の給与カーブは、60歳の定年を前提として、民間の状況を参考に設計されていることから、直ちに変更することは適当ではないものの、民間給与等の動向も踏まえ、見直しを検討する必要があるということです。

　特に地方公共団体で給料表を独自に設定している場合には専門技術的な検討が急務となっています。55歳を超える職員の昇給制度等が独自の団体も同様です。

4章 地方公務員の人事評価

1 勤務評定から人事評価へ！

ここがポイント

　2016年施行の改正地方公務員法で、地方公務員の人事評価制度の位置付けが大きく変化しました。これまでの経緯や背景を把握した上で、法改正の趣旨を正確に理解しておくことが重要です。

■ 新たな「人事評価」の登場

　2016年施行の改正で、地方公務員法から「勤務評定」という言葉が消え、新たに「人事評価」という言葉が登場しました。人事評価という新たな節も設けられるなど（3章3節）、大改正となりました。

■ 改正のポイント

　新しい人事評価制度は、能力と実績に基づく人事管理の徹底をめざしたものです。

　人事評価の対象となるのは、一般職の全ての職員です。したがって、行政職の一般事務の職員だけではなく、医療職等の専門的な職種から、臨時・非常勤職員まで、全ての職員が評価の対象となります。もちろん管理職の職員も対象です。管理職は評価する側である一方で評価される側でもあるのです。

　新しい人事評価制度では、評価基準の明示のほか、面談の実施や評価結果の開示など、客観性や透明性の高い制度とすることが求められています。評価結果は任用や分限、給与に反映されるほか、評価結果に基づく指導や助言等を通じて人材育成等にも活用されます。

✐「ようやく地方公務員も人事評価をはじめた」は誤解！……

　2016 年施行の地方公務員法の改正で、「ようやく地方公務員も人事評価を始めた」と言うのは大きな誤解です。

　昭和の時代から、勤務評定を実際に上手く運用してきた地方公共団体は少なくありません。それは、勤評闘争と呼ばれる激しい労使紛争を乗り越え、長年にわたって着実に実施されてきました。

　地方公共団体もピラミッド型の標準的な組織ですから、同期の中から公平な基準で昇進する者と昇進しない者を区別する必要があるのです。国家公務員のキャリア制度のように採用段階から峻別されるしくみを持たなかった地方公共団体では必要なものだったと言えるでしょう。

　もっとも、全ての地方公共団体で勤務評定が行われてきたかといえばそうではありません。規模の小さな企業と同じように、規模の小さな市町村をはじめとして、実施してこなかった団体もあります。

　また、勤務評定を厳格に実施してきた団体でも、現代企業の最先端の人事評価制度と同じレベルの評価制度かと言われれば心許ないものもあります。

　今回の改正は、これらの不十分な点を充実させようとするものと捉えることができるでしょう。

●図表 4 - 1　改正前の勤務評定の実施状況

	2002 年度		2012 年度	
	実施団体数	実施率	実施団体数	実施率
都道府県	41	87.3 %	47	100.0 %
政令指定都市	11	91.7 %	20	100.0 %
市区町村	1,021	31.6 %	1,166	67.7 %
計	1,073	32.6 %	1,233	68.9 %

（出所）　2002 年度＝総務省・地方行政運営研究会第 18 次公務能率研究部会報告をもとに作成
　　　　　2012 年度＝総務省「『地方公務員法等の一部を改正する法律』に関する説明会」（2014 年 6 月 9 日）資料をもとに作成

■ なぜ地方公務員法は改正されたのか ……………………………

日本は人口減少社会に入りました。さまざまな対策が講じられていますが、趨勢としては人口減少が続くことになるでしょう。働く人の数も減少します。公務員も労働者ですから、労働市場の中で民間企業とともによい人材の争奪戦を繰り広げつつ、減少していかざるを得ません。

また、厳しい行財政環境のもと、行政経費の無駄を減らせという市民感情を背景に、公務員数を削減する政策は今後も続くでしょう。

しかし一方で、行政国家現象と言われるように、現代社会において、市民が行政に求める行政需要は、複雑多様化しつつ、今後も増大し続けることでしょう。

このような状況において公務員は、どうしても少数精鋭であることが必要になります。そうだとすると、公務員の能力と意欲を最大限に発揮させるようなしくみが求められます。この要請に応えるのが、頑張った人が報われる人事評価をはじめとする、今回の公務員制度の変革だったと言えるでしょう。

● 図表４－２　人事評価のねらい

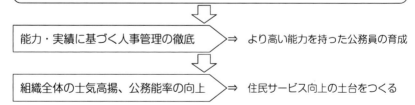

（出所）　総務省「『地方公務員法等の一部を改正する法律』に関する説明会」（2014年6月9日）資料

2　人事評価のしくみ

ここがポイント

　能力評価と業績評価からなる人事評価のしくみを概観します。そして、この人事評価が任用、給与、分限その他の人事管理の基礎として活用されるしくみについて理解することが重要です。

◢ 新しい人事評価制度 ----------------------------------

　2016年施行の改正地方公務員法では、人事評価の定義を「任用、給与、分限その他の人事管理の基礎とするために、職員がその職務を遂行するに当たり発揮した能力及び挙げた業績を把握した上で行われる勤務成績の評価」としています（6条1項）。

　したがって、新しい人事評価制度は、次のような基本的なしくみとすることが法律で定められていることになります。

(1)　能力評価と業績評価

　職員が仕事をする上で発揮した「能力」と仕事で挙げた「業績」を評価することが基本になります。「能力評価」と「業績評価」と呼ばれる評価制度が実施されることになります。

(2)　評価結果の活用

　評価結果は、「任用、給与、分限その他の人事管理の基礎」として活用されます。つまり、昇任や昇給、勤勉手当をはじめ、人事管理の多くが人事評価の結果に基づいて行われることになります。

●図表4-3　地方公務員法が定めている人事評価制度のしくみ

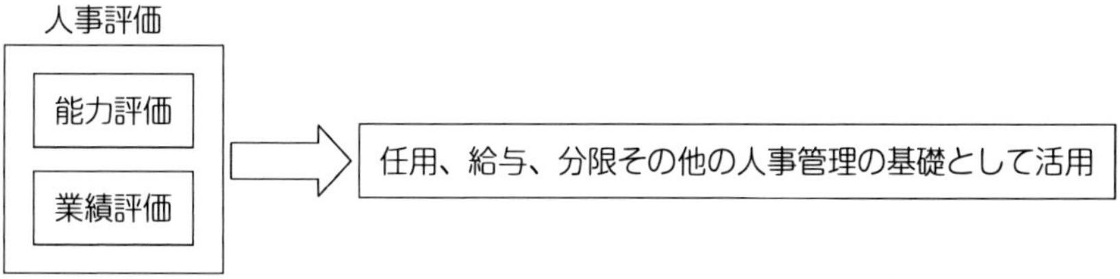

人事評価

| 能力評価 |
| 業績評価 |

→ 任用、給与、分限その他の人事管理の基礎として活用

▨ これまでの勤務評定とのちがい

人事評価はこれまでの勤務評定と何が違うのでしょうか。

勤務評定は「ブラックボックス」と言われ、次の批判がありました。

「評価項目が明らかでない」

「上司からの一方的な評価で、結果が知らされない」

「人事管理に十分に活用されているのか分からない」

これに対して、人事評価制度は、評価基準の明示や自己申告、面談、評価結果の開示などによって客観性を持ち、評価結果の活用も明確で、人材育成にも活かされます。

▨ 人事評価は「能力評価」と「業績評価」でできている

人事評価は、「能力評価」と「業績評価」で構成されます。

小学校のテストに例えると、IQを測る知能テストに当たるのが能力評価で、期末テストに当たるのが業績評価です。期末テストは、その学期（期間）に勉強したことを出題範囲とするテストという意味です。

能力評価と業績評価は、相互に深く関わりを持っていますが、次のように明確に異なるものです。

(1) 能力評価

能力評価は、職員が仕事をする上で発揮した能力を評価するものです。したがって、仕事と関係のない能力や人格等を評価するものではありません。

職員の職務上の行動等を通じて顕在化した能力を把握しようとするものです。

(2) 業績評価

業績評価は「目標管理制度」に基づいて評価するのが基本です。

あらかじめ目標を設定した上で、その達成度を評価するものです。

具体的な業務の目標や課題を期首に設定して、期末にその達成度を評価することにより、職員が果たすべき職務をどの程度達成したかを把握しようとするものです。

▨ どう評価する？

　人事評価で評価される「評価対象者」は、一般職の全ての職員です。

　一方、評価をする「評価者」は、一次評価者、二次評価者等の重層的な評価体制が設けられます。例えば、係員の評価をするときは、係長が一次評価者として評価を行い、課長が二次評価者として調整を行うといった評価体制です。

　評価期間は、能力評価は年1回、業績評価は年2回とするのが一般的です。前者は年度単位の昇任を、後者は年2回の勤勉手当を想起すると理解しやすいと思います。

　評価の実施に当たっては、人事評価制度の納得性を高めるため、評価される職員自らが、認識や評価の参考となる事柄を「自己申告」することができます。また、業績評価では、目標を明確にしたり認識を共有するために「期首面談」を行うことや、評価結果を「開示」すること、指導・助言を行うための「期末面談」を行うことなどが求められています。

　このほか、苦情相談や苦情処理のしくみが設けられています。

●図表4－4　業績評価のフロー

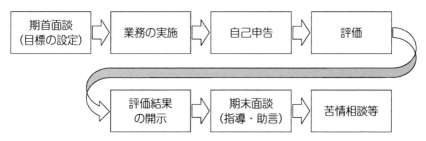

▨ 評価結果をどう使うか

　評価結果は、「任用、給与、分限その他の人事管理の基礎として活用」されることが地方公務員法に明文化されました（23条2項）。人事管理の多くが人事評価の結果に基づいて行われることになります。

● **図表4－5　評価結果の活用**

人事評価の結果	⟹	人事管理の基礎

- 任用（昇任、降任、転任）
- 給与（査定昇給、勤勉手当の成績率）
- 分限（免職・降任・降給）
- 人材育成　等

(1) 任用への反映

　任用とは、採用、昇任、降任、転任のことですが、既に採用された職員の人事評価ですから、このうちの昇任、降任、転任の判断材料になるという意味になります。2016年施行の改正法で、それぞれの定義が明示されました（地公法15条の2）。

(2) 給与への反映

　給与への反映というのは、昇給と勤勉手当の成績率への反映が一義的なものです。

① 昇給

　過去1年間の能力評価等の結果が「査定昇給」に反映されることになります。かねてから勤務評定に基づいて特別昇給を厳格に実施してきた地方公共団体では今までどおりですが、昇給では差をつけていなかったという地方公共団体にとっては大きな改正となりました。

② 勤勉手当

　過去6か月間の業績評価の結果が、勤勉手当の「成績率」に反映されるのが基本です。

　勤勉手当のしくみは、支給総額の上限の算定には扶養手当額を計算の基礎に含めて計算し、その範囲内で各職員の成績率に応じた支給割合で支給するというものですが、この枠組みは今までどおりです。勤勉手当にも差をつけていなかったという地方公共団体にとっては大きな改正となりました。

(3) 分限への反映

　分限処分には免職・休職・降任・降給があります。このうち勤務実績

がよくない場合には免職・降任・降給が行われます（地公法27条〜28条）。

　免職と降任は、要件が法律で定められていますので、改正法により要件として人事評価が明記されました。具体的には「人事評価又は勤務の状況を示す事実に照らして、勤務実績がよくない場合」は免職または降任の分限処分にすることができるとしています（地公法28条1項1号）。

　降給は、要件が条例で定められていますので、改正条例（例）が出されています。降給には降格と降号があります。降格は給料表の下位の級に変更すること、降号は下位の号給に変更することです。改正条例（例）では、いずれも、人事評価の全体標語が最下位の段階である場合を基本として要件が定められています。

勤務成績が著しく不良な職員への対応

　公務員は仕事ができなくてもクビにならないという誤解があります。地方公務員法は、元々勤務成績が著しく不良な職員は分限処分として免職等にできる規定を持っています。改正法ではこの要件が改正され、明確化されたのです（28条1項1号）。

　国家公務員の運用を見ると、能力評価または業績評価の結果、評価の結果が2回連続して最下位の段階となった職員は、改善措置を講じることとされ、改善措置の直後の人事評価でもなお最下位の段階となり、さらに直近の能力評価も最下位の段階であった職員には、原則として分限処分を行うという通知が出されています（総人恩総第335号、2014年4月25日付）。

　地方公共団体においても、厳格な運用が望まれます。

(4)　人材育成

　評価される職員には、自己申告・目標設定・面談・評価結果の開示などのプロセスを通じて自らの仕事ぶりを振り返り、能力開発に繋げることが期待されています。

　一方、評価する側の管理・監督職には、評価を行う過程で、マネジメント能力を向上させることが期待されています。部下のモチベーションを高め能力を引き出し、業務全体を円滑に推進する能力の向上に努めることが大切です。

このほか、人事評価の項目や結果を踏まえ、研修プログラムの設定・改善に繋げていくことや、人材育成に関する基本方針に位置付けて、体系的な能力開発に努めていくことも重要です。

●図表4－6　人事評価と人材育成

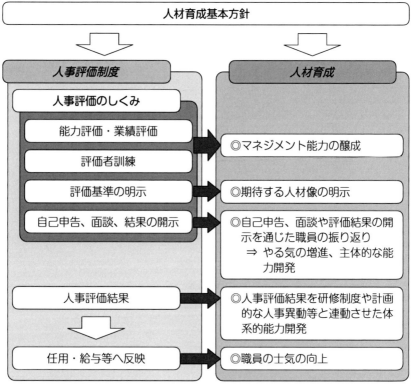

（出所）　総務省「『地方公務員法等の一部を改正する法律』に関する説明会」（2014年6月9日）資料

3　能力評価は"コンピテンシー"で

ここがポイント

　人事評価の一つである能力評価を取り上げます。能力評価の実際のしくみを知るとともに、潜在的な能力ではなく顕在化された職務遂行能力を評価することの意義を理解することが重要です。

■ 能力評価の意味

　能力評価は、職員が仕事をする上で発揮した能力を評価するものです。

　したがって、仕事と関係のない能力や人格等を評価するものではありません。

● 図表4-7　能力評価シートの例（人事評価記録書（一般行政職・係員））

評価期間	年　月　日～　　年　月　日			被評価者	所属：		職名：		氏名：	
期末面談	年　月　日		1次評価者	所属・職名：	氏名：		1次評価記入日：		年　月　日	
			2次評価者	所属・職名：	氏名：		2次評価記入日：		年　月　日	
			確認者	所属・職名：	氏名：		確　認　日：		年　月　日	

（Ⅰ　能力評価）

評価項目及び行動／着眼点			自己申告（コメント：必要に応じ）	1次評価者（所見）	1次評価者（評語）	2次評価者（任意）
〈倫理〉						
1 全体の奉仕者として、責任を持って業務に取り組むとともに、服務規律を遵守し、公正に職務を遂行する。						
	①責任感	全体の奉仕者として、責任を持って業務に取り組む。				
	②公正性	服務規律を遵守し、公正に職務を遂行する。				
〈知識・技術〉						
2 業務に必要な知識・技術を習得する。						
	①情報の整理	情報や資料を分かりやすく分類・整理する。				
	②知識習得	業務に必要な知識を身に付ける。				
〈コミュニケーション〉						
3 上司・同僚等と円滑かつ適切なコミュニケーションをとる。						
	①指示・指導の理解	上司や周囲の指示・指導を正しく理解する。				
	②情報の伝達・上司への報告	情報を正確に伝達し、問題が生じたときには速やかに上司に報告をする。				
	③誠実な対応	相手に対し誠実な対応をする。				
	④住民への対応	住民に対し、親切・適切な対応をする。				
〈業務遂行〉						
4 意欲的に業務に取り組む。						
	①積極性	自分の仕事の範囲を限定することなく、未経験の業務に積極的に取り組む。				
	②正確性	ミスや抜け落ちが生じないよう作業のチェックを行う。				
	③迅速な作業	迅速な作業を行う。				
	④粘り強さ	失敗や困難にめげずに仕事を進める。				

【全体評語等】

1次評価者		2次評価者	
（所見）	（全体評語）	（所見）	（全体評語）

（出所）　総務省「地方公共団体における人事評価制度に関する研究会」中間報告

◤「顕在化した」職務遂行能力を評価 --------------------

「人の能力を測ることは難しい」とは、人事評価を巡ってよく耳にする言葉です。全くそのとおりだと思います。

しかし、人事評価制度において評価の対象となる能力は、仕事をする上で発揮された能力です。これを**職務遂行能力**と呼びます。

つまり、評価の対象となる能力は、目に見えない潜在的な能力ではなく、目に見える顕在化された能力なのです。

例えば「あいつは、本当は能力が高いはずだ。ただ仕事はしないけど…」といった職員を高く評価してはいけません。目に見えない要素を含めて職員を全人格的に評価することは求められていないのです。

人事評価で求められているのは、目の前の仕事をする上で、能力を発揮して求められている成果を挙げているかどうか、そのために必要な行動をしていたかどうか、これらを客観的に評価することです。

◤「潜在的な」能力を評価してはいけない理由 --------------------

ほかの例で見ると、公務員ランナーがマラソンで頑張った場合、出場した大会において評価されればいいのであって、職場の人事評価でマラソンでの頑張りを評価してはいけないのです。

子育てと仕事を両立させて子どもを立派に育てている、そんな立派な職員も、人事評価では、職場における仕事を進める上で発揮された能力だけを見て評価すべきです。子育てにおける頑張りは家庭で評価されればよいのです。

では、なぜ仕事以外のことを評価してはいけないのでしょうか。

それは、そうした目に見えない要素を全人格的に評価することは神様でもない限りできないことだからです。そのような目に見えない潜在能力を評価しようとすると、評価は想像を含めた感覚的なイメージによる情実だけのものへと堕落していきます。**職場の評価は職場の行動で評価**すべきだと言われる所以です。

行動特性評価（コンピテンシー）とは ‥‥‥‥‥‥‥‥‥‥‥‥‥‥

　以上のような考え方から、近年の能力評価の主流は、**「行動特性評価（コンピテンシー）」**と呼ばれる評価になってきています。

　行動特性評価は、高い業績を挙げている人が常に行っている特徴的な行動に着目し、個々の職員の評価に当たって、そうした行動を行っているかどうかで評価するものです。

　つまり、評価したい能力を持っているかどうかを評価する際に、そうした能力を持った人は日頃どのような行動をしているかを分析し、そうした行動を行っているかどうかを、実際に目に見える行動によって評価するというものです。

　したがって、評価する際の標語も、「～する能力を持っている」「～することができる」かどうかといった潜在的な能力の標語ではなく、そうした能力を持つための行動やそうした能力を示す「～という行動をしている」かどうかという標語で評価されます。

　例えば、

　「構想力がある」ではなく、

　　　→「会議等では、的確な対応案やアイデアを提案している」

　「実行力がある」ではなく、

　　　→「日常業務もスケジュールに沿って着実に遂行している」

　「識見がある」ではなく、

　　　→「研究会によく出席するなど学習の機会を得ている」

　などです。

　このように目に見える顕在化した行動を評価することによって、客観的な評価が可能になり、評価される人にとっても信頼性の高い評価となるのです。

　さらに、評価の指標とする望ましい「行動」はそれぞれの組織によって違うと言われています。それぞれの組織にとって理想とする職員像が違うからです。この理想とする「行動」を洗い出す作業を、職員を巻き込んで行うことにより、組織のめざすべき方向性を共有することができるといった副次的な効果も報告されています。

なお、行動特性評価(コンピテンシー)は、民間企業でも、業績や成果が売上などの数値では把握しにくい総務部門などで効果を発揮してきた経緯があります。公務員の人事評価としても活用されていくことが期待されています。

◾ 「標準」職務遂行能力で評価する

具体的な評価は、**標準職務遂行能力**を有するかどうかで行われます。

標準職務遂行能力は、次のように定義されています。「職制上の段階の標準的な職の職務を遂行する上で発揮することが求められる能力」です。

例えば、課長なら課長の仕事をする上で求められる能力をあらかじめ示しておいて、そういった能力を持っているかどうかで評価するということです。

具体的にどのような能力が問われることになるか、総務省の通知では図表4−8のような例示がなされています。

●図表4−8 標準職務遂行能力の設定が想定される能力の例

課長	倫理力、構想力、判断力、説明・調整力、業務運営力、組織統率・人材育成力
課長補佐	倫理力、企画・立案・事務事業の実施力、判断力、説明・調整力、業務遂行力、部下の育成・活用力
係長	倫理力、課題対応力、協調性、説明力、業務遂行力
係員	倫理力、知識・技術力、コミュニケーション力、業務遂行力

(出所) 2014年8月15日付、総務省自治行政局長通知「地方公務員法及び地方独立行政法人法の一部を改正する法律の運用について」をもとに作成

4　業績評価は MBOで

ここがポイント

人事評価の１つである業績評価を取り上げます。業績評価は目標管理制度に基づいて行われます。業績評価を目標管理の手法で評価することの意義を理解するとともに、その実際のしくみを知ることが重要です。

◤ 業績評価の意味

業績評価は「目標管理制度」に基づいて評価することが基本です。目標管理制度とは、あらかじめ目標を設定した上で、その達成度を評価するものです。

民間企業の人事管理でも、**目標管理制度（Management By Objectives：MBO）** は広く用いられている評価手法です。特に 1990 年代の後半から成果や業績の評価として拡大しました。こうした動きに呼応して先進的な都道府県などでも同時期から目標管理制度が導入されてきました。

新しい人事評価制度では、業績評価の標準的なツールとして実施することとされ、国家公務員でも導入されています。

◤ なぜ目標管理なのか

人事評価制度の業績評価の手法として「目標管理制度」が用いられるのはなぜでしょうか。いくつかの理由について考えてみましょう。

⑴　自分で立てた目標に向かってなら頑張れる

人は他人から押しつけられた仕事より、自分からやろうと決めた仕事の方が意欲的に取り組むことができます。有名なホーソン実験で得られた知見の１つとも言われています。実験では、さまざまな職場環境のもとでの仕事の捗り具合が調べられました。照明の具合、温度・湿度、休憩時間、食事、賃金などを変えて実験が繰り返されましたが、それらの環境より、強く仕事に影響を与えたのは、人間関係などとともに自主性

による意欲だったというのです。つまり自分たちでやろうと決めた仕事の方が意欲的に取り組むことが分かったのです。

そこで自分で立てた目標に向かってなら頑張れるのではないかという考えから、自主的に決めた目標への自律的な行動が期待されているのです。目標の設定に個々の職員が参加することで、達成責任を積極的に受け入れるようになると捉えることもできるでしょう。

したがって、目標管理では必ず、職員自身が自分の目標を立て、上司と面談をしながら目標を設定していくことが必要です。上司から目標を与えられるのではありません。それではノルマの管理になってしまいます。

(2) 手が届く目標なら頑張れる

人事評価の悩みの1つに、「成績がよいのはいつも同じ人」という問題がありました。同じ組織で仕事を続けていると、このようなことが起こりがちです。成績がよい人はいつもよい評価を受けるのでいいかもしれませんが、いつも「ぼちぼち」だとどうでしょうか。ましてや、いつも悪い評価だとどうでしょうか。どうせよい評価はしてもらえないと思うと頑張れるでしょうか。

そこで、個々人に相応しい目標を立てれば、その人なりに頑張れるのではないかという発想が生まれました。いつも90点を取っている人は100点を目標にするとしても、いつも50点しか取れていない人は60点を目標にして、その達成をめざせばいいのではないか。つまり、手が届く目標なら頑張れるのではないかというのが、目標管理制度を取り入れるもう1つのねらいです。

もちろん、目標の難易度による調整は行われます。つまり、担っている責任の重さに相応しい目標かどうかを調整するのです。例えば、課長ならば課長としての責任の重さから課長クラスの職員に求められる水準がありますから、それと比べて目標の難易度が高いか低いかで、達成したときの評価が調整されるのです。

(3) 客観性が高い評価だから頑張れる

これまでの人事評価では、業績の評価をする場合でも、評価シートに

仕事の業績といった項目を立てて、業績を挙げたかどうかを抽象的に尋ね、上司は5段階で評価するといったものでした。しかしこれでは上司の主観的な評価となってしまいますし、そもそもどの仕事のことで、どの程度の達成度をどのように評価されるのか、詳細が分かりません。評価する上司の方もよく分かっていないかもしれません。

　そこで、目標管理制度では、どの業務について、いつまでに、どの状態まで達成することを目標として仕事をするかを明確に確認した上で業務を行い、評価の際には、その目標が達成されたかどうかで評価します。つまり、客観性の高い評価が可能となるわけです。

◢ 目標管理制度の課題とその克服

　業績評価に目標管理の手法を用いた場合の課題（デメリット）も指摘されています。これらの課題を十分に理解した上で、的確な評価の運用に努めることが重要です。下記に主な指摘と対応例をまとめました。

① **低い目標の設定・抽象的な目標の設定**

　　容易に達成しやすい目標を設定する傾向

　　→職責に応じた難易度を評価に組み込む制度設計や数値目標へ

② **短期的な目標の設定**

　　単年度の評価を得やすい短期的な目標を設定する傾向

　　→長期的な業務も、その年度に達成する中間目標の設定へ

③ **外部要因による影響**

　　本人の努力以外に、外部要因の影響を受けるおそれ

　　→外部要因の影響を踏まえた評価やプロセス評価へ

④ **他の職員の功績による影響**

　　上司や部下の功績やチームの実績の影響を受けるおそれ

　　→目標設定段階から、その職員の役割と上司・部下の役割を明示へ

⑤ **チームワークの希薄化のおそれ**

　　個人の業績を重視するあまり、組織の協力が減退するおそれ

　　→組織的な行動を評価するしくみとの組み合わせへ

●図表4-9　業績評価シートの例（人事評価記録書（一般行政職・係員））

評価期間	年 月 日～ 年 月 日

被評価者	所属：	職名：	氏名：

期首面談	年 月 日
期末面談	年 月 日

1次評価者	所属・職名：	氏名：	1次評価記入日：	年 月 日
2次評価者	所属・職名：	氏名：	2次評価記入日：	年 月 日
確認者	所属・職名：	氏名：	確 認 日：	年 月 日

（Ⅱ　業績評価）
【1　目標】

番号	業務内容	目標 （いつまでに、何を、どの水準まで）	困難	重要	自己申告 （達成状況、状況変化その他の特筆すべき事情）	1次評価者		2次評価者 （任意）
						（所見）	（評語）	
1								
2								
3								
4								

被評価者	所属：	職名：	氏名：

【2　目標以外の業務への取組状況等】

番号	業務内容	自己申告 （目標以外の取組事項、突発事態への対応等）	1次評価者
			（所見）

【3　全体評語等】

1次評価者		2次評価者	
（所見）	（全体評語）	（所見）	（全体評語）

（出所）　総務省「地方公共団体における人事評価制度に関する研究会」中間報告

5　人事評価がめざすもの

ここがポイント

　新しい人事評価制度によって得られたものを確認します。反対に注意しなければいけないことについての議論も確認します。それらを踏まえて、人事評価がめざすものについて考えてみましょう。

◤ 新しい人事制度の効用　～頑張った人が報われる～

　新しい人事評価制度によって得られたものとして、「頑張った人が報われる」人事管理への改革が進められたことが挙げられます。

　つまり、少子高齢化が進み人口減少社会となり、少数精鋭が要請される公務員の能力と意欲を最大限に発揮させることが求められる中で、能力と業績に基づく人事管理の徹底を図る人事評価制度の導入により、「頑張った人が報われる」人事管理への改革が進められたと言ってよいでしょう。

◤ コミュニケーション・ツールとして

　新しい人事評価制度は、評価される人と評価する人のコミュニケーションを求めています。このことによる副次的な効果も大きいことを指摘しておかなければなりません。

　職員へのアンケート結果によると、評価する側の上司からは、「部下とのコミュニケーションの中から、業務を遂行していくための有効な手だてを見つけることに役立っている」という声が聞かれます。

　また評価される側の部下からは、「上司が何を求めているのかが分かるようになった」という声や、「上司と意見交換をすることで仕事の進め方が明確になった」という声が聞かれます。

　人事評価が、業務を遂行する上で、有効なコミュニケーション・ツールとして機能していることがうかがえます。

▨ 虚妄の成果主義の教訓を活かす

前述のメリットがある一方、反対に注意しなければいけないことについても考えてみましょう。

まず、「虚妄の成果主義」の教訓に学ぶ必要があります。これは、1990年代後半、成果主義が時代の要請ともてはやされた頃に指摘された事柄です。

この中の１つに次のような指摘があります。「短期的な業績に基づいて目先の給与に差をつけられると、多めの給与を受けた人でもモチベーションが下がることがある」というものです。人は労働の対価として報酬を得ているとしても、目先の報酬の差のためだけではなく、仕事そのものにやりがいを感じて仕事をしている面があります。**内発的動機付け**と呼ばれるものです。目先の報酬に他者と差をつけられて、少し高い報酬を与えられると「自分はそのようなもののために働いてきたのか」と疑問を持ち始め、逆にモチベーションが下がるというのです。

▨ 給与への反映は慎重に

ハーズバーグの二要因理論によると、給与は「動機付け要因」にはならないものの「衛生要因」になるとされています。つまり、給与を高くすることによって動機付けを与える効果は限定的ですが、その一方、給与を低くすることによって確実に不満足を与えるというのです。まして本人にとって納得できないような理不尽な理由で給与を低くされた場合には、確実に強い不満足を与え、モチベーションを下げることにつながるのです。

地方公務員の多くは、高い目的意識と使命感を持って、自分たちの地域をよくしていこうと懸命に働いています。人事評価はやみくもに給与に差をつけることが目的ではないはずです。少なくとも、現場の実態から現実離れしたような人事評価シートでもって、理不尽な給与減額をするようなことがあってはなりません。人事評価の給与への反映は慎重にも慎重を重ね、本来の目的を見失わないようにしたいものです。

地方公務員に相応しい人事管理とは ·································

　「行政のやることは常に効率が悪くまちがっていて、民間に学ぶべきだ」という風潮が強いですが、そんなことはありません。

　人事管理も同様で、公務部門には公務部門に相応しい人事管理があります。長年にわたる叡智の積み重ねは、まんざら捨てたものではありません。

　これまで見てきたように、地方公務員の人事は、「遅い選抜」という言葉で表現される日本企業の特徴的な人事管理と同様に、入庁後10年ほどの間、昇進等の処遇では職員間に差をつけません。しかしその間に、人事評価の情報を積み重ね、職場において「できる職員」と見なされるような職員を着実に選抜していき、入庁後10年ほどを経過した後、昇進等の処遇においても大きな差が付けられていきます。昇進の差に伴う給与等処遇の差は一般に思われているより大きく、長期的な評価に基づき、長期的に的確な人事処遇が行われてきたのです。こうした人事管理については、1990年代にその傾向が指摘され、2000年代に計量的に確認されたことが報告されています。

　長年にわたって行われてきた人事管理には、その組織の実態を踏まえた多くの知恵が詰まっていることを肝に銘じた上で、新しい人事評価制度のよさを組み込んでいくことが重要です。

人事評価のめざすもの ···

　人事評価は、自己申告・面談・評価結果の開示など、評価される職員が参画するしくみを導入することで、評価の透明性や客観性を高めて、職員の納得性を高めました。その上で、頑張った職員が報われる人事管理の基礎が再構築されました。

　頑張った職員は高く評価されます。さらに上をめざしましょう。頑張りが足りなかった職員は、上司との面談の機会などを捉え、指導・助言を受けて自らを振り返り、今後に繋げましょう。評価をする側の上司は、評価を通じてマネジメント能力を高めましょう。そして全体として、住民のニーズに的確に応えることができる行政組織をめざしましょ

う。

　これこそが人事評価制度が発しているメッセージではないでしょうか。

【参考文献】

○高橋伸夫『虚妄の成果主義』日経ＢＰ社、2004 年

○フレデリック・ハーズバーグ（北野利信訳）『仕事と人間性』東洋経済新報社、1968 年

5章 地方公務員法による決まり

1　地方公務員の「服務」

ここがポイント

　地方公務員の「服務」とは、服務規律とも呼ばれる義務や規律です。「職務上の義務」と「身分上の義務」があります。その全体像を把握し、服務の根本基準を学びましょう。

◢ 試験にでる地方公務員の「服務」──────────────

　地方公務員法は地方公務員の「服務」について１つの節を設けて規定しています（3章6節）。

　服務とは、職員が勤務する際の基本的な態度、行為の規範であり、服務規律とも呼ばれる義務や規律です。いわば、職員が守るべき決まりです。これらは職員なら当然に身に付けておいてもらいたい事柄です。

　このため、「服務」に関する問題は昇任試験でもよく出題されます。

　昇任試験の目的は、職員の中から昇任者を選抜することですが、それだけでなく、不合格となる職員を含め、職員に学んでおいてもらいたいことはこれだというメッセージを発するという側面も持っています。さらに、昇任試験の受験生には十分な準備ができない環境にある人も少なくありませんから、この箇所だけでも勉強しておいてほしいという項目は繰り返し出題しておくことが必要です。

　このようなことから、職員の「服務」に関する問題は昇任試験で出題されることが多いのです。実際に、これまでも繰り返し出題されてきました。

■ 服務の全体像を知ろう

職員の服務には、**「職務上の義務」**と**「身分上の義務」**があります。

「職務上の義務」は、職員が職務を遂行するに当たって守るべき義務です。

「身分上の義務」は、職務の遂行にかかわらず、職員としての身分を持つ限り守るべき義務です。

もっとも職務上の義務・身分上の義務といっても、いずれも住民の信頼の上に、公務を適正に執行するための義務ですから、具体的な判断に当たっては、職務との関連を考慮する必要があります。

地方公務員法の服務に関する規定を整理すると、図表5－1のようになります。

●図表5－1　服務に関する規定の全体像

服務の根本基準	（地公法 30 条）
職務上の義務	
法令等及び職務上の命令に従う義務	（地公法 32 条）
職務専念義務	（地公法 35 条）
身分上の義務	
信用失墜行為の禁止	（地公法 33 条）
守秘義務	（地公法 34 条）
政治的行為の制限	（地公法 36 条）
争議行為等の禁止	（地公法 37 条）
営利企業への従事等の制限	（地公法 38 条）

服務を法律で定める意味

これらの服務に関する義務は、民間企業の雇用関係なら、個々の雇用契約や就業規則などで定められるものです。しかし、公務員については、職務の公共性や共通性などのため、法律で規定されているのです。

特に、政治的行為の制限や争議行為等の禁止のように、職員の基本的人権を制限するものについては、その制限の内容を明確に示し、法律で根拠規定を置くという側面を持っています。

◢ 服務の根本基準 ---

　地方公務員法は、服務の根本基準として次の2つを定めています（30条）。

(1)　全体の奉仕者

　全体の奉仕者として公共の利益のために勤務することを求めています。憲法が「すべて公務員は、全体の奉仕者であつて、一部の奉仕者ではない」（15条2項）としていることを受けた規定で、公務員は住民全体に対して奉仕すべきであるということを、公務員制度の面から明らかにしたものです。

(2)　職務専念義務

　職務の遂行に当たっては全力を挙げて職務に専念することを求めています。いわゆる職務専念義務です。地方公務員法35条でより具体的に規定されていますが、服務全体に通じる基本原則であることを強調するため服務の根本基準として掲げられています。

◢ 服務の宣誓 --

　職員は服務の宣誓をしなければならないとされています（地公法31条）。

　新規採用職員として採用された日の辞令交付式で代表者が読み上げて宣誓したのを覚えている人も多いのではないでしょうか。職員としての倫理的自覚を促すことを目的とする制度であるとされています。

　民間企業の入社式でも同じような新入社員代表の宣誓のシーンが報道されることがありますが、宣誓の内容は少し違っています。

　公務員の服務の宣誓は、条例（案）では「日本国憲法を尊重し擁護する」という内容が含まれています。立憲主義の基本的な考え方のもと、憲法が定める憲法尊重擁護義務（99条）は公務員に対する要請ですので、宣誓により公務員としての自覚を確認する内容となっているのです。

2 職務上の義務とは

ここがポイント

　地方公務員法の服務に関する規定のうち、職務上の義務として、法令等および職務命令に従う義務、職務に専念する義務があります。また、職務専念義務の免除についても学びます。

▨ 法令等に従う義務 ---

　コンプライアンス・法令遵守の精神は、民間企業でも求められる現代社会の共通のルールです。法治国家では当然のルールです。

　地方公務員法はわざわざ条文で、法令等に従う義務を定めています（32条前段）。実際に行政の執行に従事する職員には、法令等に則って行動することがとりわけ強く求められるからです。

　法令等とは、法律、政令、府省令、条例、規則、規程のことです。職務を遂行するに当たって、これらの法令等に従うことを求めています。

　条文として書かれている以上、心意気の訓示規定ではなく、違反したときは懲戒処分の対象になります。

▨ 職務命令に従う義務 ---

　「お言葉を返すようですが」と言って上司に反旗を翻（ひるがえ）すのは、テレビドラマでは格好いいシーンですが、現実の組織でそんなことをしていたら業務が進まなくなります。組織の仕事がうまく回っていくためには、上司と部下の間に適切な秩序が必要となります。それは企業組織でも行政組織でも同じことです。さらに公務員の場合は、法令等を執行するために発せられた上司の命令ですから、これに忠実に従う義務が定められているのです（地公法32条後段）。

　こんなことを言うと、「納得がいかない上司の命令にはどうすればよいのか」という声が聞こえてきそうです。原則論としては、重大で明白な誤りがある命令は無効ですが、そうでなければ取り消されるまではそ

の命令に従う義務があります。これを**有効性の推定**といいます。

　また、現実によく直面する問題として、部長と課長の命令が矛盾するときはどうすればいいのでしょうか。「正しいと思う方に付いていく」というのではいけません。論理的には、上位の上司の職務命令が優先します。なぜなら、下位の上司は上位の上司の命令に従う義務があるからです。したがって、この場合は、部長の命令が優先し、その範囲で課長の命令は効力を持ちません。

職務命令の要件
職務命令が成り立つための要件として次の３つが挙げられます。
①　権限のある上司からの命令であること
　他課の課長が仕事の命令をするような職務命令は成り立ちません。
②　職員の職務に関する命令であること
　「結婚するときは許可を得るように」といった職務命令は成り立ちません。
③　適法で実施可能な命令であること
　犯罪行為を命じるような職務命令は成り立ちません。

●**図表５－２　職務命令に従う義務**

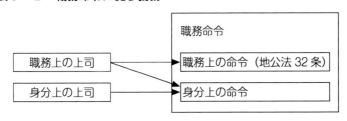

＊職務上の上司：職務の遂行について職員を指揮監督する権限を有する者
＊身分上の上司：職員の任用、懲戒など身分の取り扱いについて権限を有する者

■ 職務に専念する義務 --

　職員は全力を挙げて職務に専念することが求められています（地公法35条・30条）。

　しかし、戦前の公務員が天皇の使用人として無定量の義務を負っていたのとは異なります。

　典型的な例で言うと、職務専念義務は勤務時間内に限られます。休日まで職務のことを考えていなければならない訳ではないのです。

職務に専念する義務の免除

　一定の場合に職務専念義務は免除されます。「職専免」「専免」など地方公共団体によって略称はまちまちですが、職員には身近な制度だと思います。法律や条例に特別の規定がある場合に免除されます。

　この場合の給与が支給されるかどうかは、原則として給与条例で定められています。

●図表５－３　職務専念義務が免除される例

法律	地方公務員法	分限処分の休職（27条、28条2項・3項）
		懲戒処分の停職（29条1項）
		職員団体の在籍専従（55条の2第1項但書、5項）
		適法な交渉への参加（55条5項・6項・8項）
		自己啓発等休業（26条の5）
	その他の法律	病者の就業禁止（労安法68条）
		育児休業・部分休業・育児短時間勤務（地公育休法＊）
		介護休業（育休法61条）
		大学院修学休業（教特法26条～28条）
条例	職務専念義務免除条例（地公法35条）	研修を受ける場合
		厚生に関する計画の実施に参加する場合
		人事委員会が定める場合
	勤務時間条例（地公法24条5項）	週休日、その振り替えられた日
		休憩時間
		休日、代休日
		休暇（年次休暇、病気休暇、特別休暇、介護休暇等）

＊地公育休法……地方公務員の育児休業等に関する法律

3　身分上の義務とは

ここがポイント

　地方公務員法の服務に関する規定のうち、身分上の義務として、信用失墜行為の禁止、守秘義務、政治的行為の制限、争議行為等の禁止、営利企業への従事等の制限があります。

◼ 信用を保つ義務（信用失墜行為の禁止）----------------

　職員は信用を失墜させるような行為をしてはいけません（地公法33条）。

　職員は全体の奉仕者として公共の利益のために勤務しているわけですが、それには住民の信用と信頼が不可欠です。このため、高い道徳的水準が必要であり、一般より厳しい行為規範が求められると考えられています。

　禁止されている行為は、次の2つのタイプの行為です。

(1)　職員の職の信用を傷つけるような行為

　職員が就いている職の信用を傷つける行為のことで、職務に関連した非行が該当します。

　例えば、職権濫用罪（刑法193条）や収賄罪（刑法197条）のような公務員の行為を前提とした刑法上の犯罪などがこれに当たります。

(2)　職員の職全体の不名誉となるような行為

　職員の仕事に関連した非行はもちろんですが、仕事に直接は関係のない行為であっても、公務全体に悪い影響を与え不名誉となる非行が含まれます。

　例えば、職員が勤務時間外に行った飲酒運転など、私的な行為であっても、公務全体の信用と信頼が損なわれるような行為がこれに当たります。

◼ 秘密を守る義務（守秘義務）------------------------

　職員は秘密を漏らしてはいけません（地公法34条）。「守秘義務」と呼

ばれる義務です。公務員の義務として有名です。

　しかし、「約束は守ろう」と言うのと同じように、「秘密は守ろう」といった道徳的な規定ではありません。また、例えば公務員が自宅の窓からたまたま外を見ていて、隣家のお父さんの秘密を知ってしまったような場合に、公務員たる者は秘密を守らなければいけないといった規定でもありません。

　求められているのは、公務員として仕事をしている中で知ってしまった秘密を漏らしてはいけないということです。公務員として仕事をしている中で知った秘密を漏らすことは、その地方公共団体の利益を害するおそれがありますし、住民の行政に対する不信を招いて、行政の執行に支障を来すおそれがあるからです。

　守秘義務は、退職した後にも課せられています。つまり、在職中に仕事をしている中で知った秘密は、退職後も漏らしてはいけないのです。

　違反した場合には懲戒処分だけでなく、懲役または罰金の罰則も定められています。

●図表5-4　守秘義務の対象となる秘密

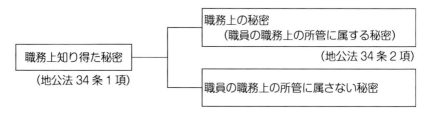

秘密の公表

　守秘義務の対象となる「職務上知り得た秘密」でも、他の法律などによる要請で公表しなければならない場合があります。例えば、民事事件や刑事事件の証人となるような場合です。

　この場合も、職務上の所管に含まれる「職務上の秘密」を公表するには任命権者の許可が必要とされています（地公法34条2項）。

政治的行為の制限

職員は一定の政治的行為が制限されています（地公法 36 条）。

職員も国民ですから、本来は政治的活動は自由に行えるはずですが、制限されるのは次の２つの要請によるとされています。

(1)　政治的に中立で公正な行政を行うため

職員が自分の政治的な主張に沿って仕事をしなかったり、偏ったやり方で仕事をしたのでは住民は困ってしまいます。全体の奉仕者として、中立の立場で公正な行政を行うことが求められています。

(2)　職員を政治的な影響力から守るため

政権交代によって政権が変わったとしても、行政には安定性と継続性が求められます。そこで、猟官主義（スポイルズ・システム）を排して職員を政治的な影響力から保護するため、政治的行為に一定の制限を課しているのです。

禁止される政治的行為

政治的行為の制限として禁止されている政治的行為は以下の２つです（地公法 36 条）。

(1)　政党の結成等に関する行為

政党などの政治的団体の結成に関与すること、役員となること、構成員への勧誘運動を行うことです。

(2)　特定の政治目的を持った一定の政治的行為

特定の政治目的とは、特定の政党や特定の候補者等に対して支持・反対する目的です。

一定の政治的行為とは、投票についての勧誘運動、署名の企画等の積極的関与等です。

公職選挙法等による政治的行為の制限

公職選挙法による制限として、在職中の立候補の禁止、地位を利用した選挙運動の禁止、国会議員になろうとする場合の事前運動の禁止があるほか、選挙管理委員会職員や警察官等特定の職員は在職中の一切の選

挙運動が禁止されています。

　このほか、政治資金規正法による制限や、憲法改正手続に関する法律による制限もあります。

▨ 争議行為等の禁止 ·····

　職員は、争議行為等を行うことが禁止されています（地公法37条）。地位の特殊性と職務の公共性による義務とされています。

　憲法は勤労者の労働基本権を保障しています（28条）。そして、公務員もこの「勤労者」に当たります。しかし、公務員は全体の奉仕者として公共の福祉のために勤務するという性格から、民間の労働者とは異なる地位に立つとされ、労働者としての立場と全体の奉仕者としての立場とを比較し、公共の福祉を守る観点から一定の制限を受けるものとされており、特に争議行為等は全面的に禁止されているのです。

　現業・非現業を問わず、全ての公務員について禁止されています。

禁止されている争議行為等

　職員が禁止されている争議行為等は、**争議行為と怠業的行為**です（地公法37条）。

　争議行為は、同盟罷業（ストライキ）、怠業（サボタージュ）、その他の行為です。怠業的行為は、地方公共団体の機関の活動能率を低下させる行為です。

　また、職員かどうかを問わず、これらの争議行為等の**助長行為**（企て、共謀、そそのかし、あおり）が禁止されています。助長行為に違反すると、懲役または罰金の刑に処せられます。

●図表5-5　争議行為等の禁止

禁止の対象者	禁止されている行為			地公法(37条1項)
職員	実行行為	争議行為	（同盟罷業、怠業、その他）	前段
		怠業的行為	（能率を低下させる行為）	
何人も	助長行為		（企て、共謀、そそのかし、あおり）	後段

▓ 営利企業への従事等の制限 --------------------------------------

　職員は営利企業の仕事に就くこと等が制限されています（地公法38条）。（パートタイムの会計年度任用職員等は対象ではありません。）

　職員が従事している職務の公正を確保するための制限です。全体の奉仕者として公務に従事している職員が、どこかの企業と親密な関係にあるといったことは望ましくないということです。このほか、職務専念義務からの要請や、職員の品位の維持も根拠に挙げられています。

　制限される行為は、次の３つの場合です。
① 営利企業の役員等を兼ねること
② 自ら営利企業を営むこと
③ 報酬を得て事業・事務に従事すること

　特に③については、営利を目的としているかどうかを問わず、報酬を得ていかなる事業・事務にも従事してはいけないというものです。

　報酬というのは、労働の対価として支給されるものが該当し、名称のいかんを問いません。したがって、反対に労働の対価とはいえない実費弁償としての交通費等は該当しないとされています。

営利企業への従事等の許可　〜職員の兼業・副業〜

　営利企業への従事等については、一定の場合に、任命権者は許可することができることになっています（地公法38条）。許可基準としては、従事しようとする営利企業・事業・事務との間に特別の利害関係がないこと、職務の遂行に支障がないこと等が挙げられています。

　総務省の調査によると、2018年度に許可された件数は全国で約4万件。そのうち約1万件は社会貢献活動で、残りの約3万件は農業や家業の手伝い等となっており、いずれも市区町村が8割超を占めています。

　近年、労働政策では、多様で柔軟な働き方へのニーズの高まりや人口減少に伴う人材の希少化等を背景に、兼業や副業が促進されています。

　こうした中、地方公務員も公務以外での活動を期待されるようになっているとされ、神戸市の地域貢献応援制度のように、報酬等を得て行う公益性の高い地域貢献活動を推奨する動きも拡がっているようです。

4 懲戒処分とは

ここがポイント

懲戒処分は、職員の非違行為に対する制裁としての処分です。職員に一定の義務違反がある場合に道義的責任を問うもので、免職・停職・減給・戒告があります。

◢ 懲戒処分の意味

懲戒処分は、職員の非違行為に対する制裁としての処分です。職員に一定の義務違反がある場合に道義的責任を問うものです（地公法29条）。地方公共団体の規律と公務遂行の秩序を維持することを目的としています。

処分には、職員をクビにする「免職」をはじめ、一定期間は仕事をさせない「停職」、一定期間給与を減額して支給する「減給」、違反行為の責任を確認し将来を戒める「戒告」があります。

法律上の懲戒処分は以上の4つです。

このほかに、懲戒処分には至らない程度の非違行為を犯した職員に対して注意を喚起する指導として、訓告・厳重注意・口頭注意等が行われている例がありますが、法律上の懲戒処分ではありません。

なお、停職の期間中の給与は支給されず、懲戒免職では退職手当の全部または一部が支給されません。分限処分と異なるところです。

◢ どういうときに懲戒処分となるのか

次の処分事由に該当する場合、懲戒処分とすることができます。いずれも法律で定められています。

◇免職・停職・減給・戒告（地公法29条1項）
① 法令（法律・条例・規則・規程）に違反した場合
② 職務上の義務に違反した場合または職務を怠った場合
③ 全体の奉仕者たるにふさわしくない非行のあった場合

■ 懲戒処分の実態

　2017年度に全国の地方公共団体で懲戒処分を受けた職員は約3,900人で、内訳は都道府県で約1,400人、市町村で約2,500人です。

　行為別では、不適正な業務処理や勤務態度不良等の「一般服務違反等」が最も多く、飲酒運転等の「交通事故・交通法規違反」が続いています。処分の種類別では、比較的軽微な「戒告」が最も多く、全体の約4割を占めています。時系列で見ると、長期的には全体として減少傾向にあります。

●図表5-6　懲戒処分の実態（2017年度）

（単位＝人）

	免職	停職	減給	戒告	計
一般服務違反等（不適正な業務処理等）	107	318	614	588	1,627
交通事故・交通法規違反（飲酒運転等）	90	169	229	459	947
公務外非行（金銭の非行、傷害・暴行等）	205	283	170	67	725
収賄等（横領、収賄等）	67	11	13	0	91
給与・任用（受験採用時の虚偽行為等）	7	10	34	8	59
違法な職員組合活動（争議行為等）	0	0	0	4	4
監督責任	0	0	172	246	418
計	476	791	1,232	1,372	3,871

（出所）　総務省「平成29年度における地方公務員の懲戒処分等の状況」をもとに作成

●図表5-7　懲戒処分の件数の推移

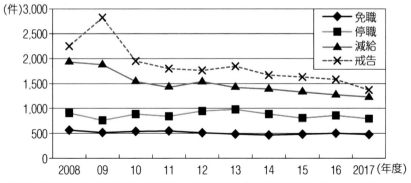

（出所）　総務省「平成29度における地方公務員の懲戒処分等の状況」をもとに作成

5 分限処分とは

分限処分は、公務能率を維持するため、不適格な職員を公務から排除する制度です。一定の事由に該当する場合に、職員の意に反する不利益な処分を行うもので、免職・休職・降任・降給があります。

◤ どういうときに分限処分となるのか

分限処分は、公務能率を維持するため、不適格な職員を公務から排除する制度です（地公法27条・28条）。次の事由に該当する場合に限り、職員の意に反する不利益な処分を行うものです。

- (1) **免職**（地公法28条1項）
  - ① 勤務実績がよくない場合
  - ② 心身の故障のため、職務の遂行に支障または堪えない場合
  - ③ その職に必要な適格性を欠く場合
  - ④ 職制の改廃・定数の改廃・予算の減少による廃職・過員の場合
- (2) **休職**（地公法28条2項、条例）
  - ① 心身の故障のため、長期の休養を要する場合
  - ② 刑事事件に関し起訴された場合
  - ③ 条例で定める事由
- (3) **降任**（地公法28条1項）… 現在より下位の職に位置付けるもの
  免職の事由と同じ
- (4) **降給**（条例）… 現在より低い給料に決定するもの
  条例で定める事由

いずれも、職員の意に反する処分ですから、勧奨による退職や職員の自発的な意思によるものは分限処分ではありません。

また、いわゆる悪いことをした場合に制裁として行われる懲戒処分とは異なります。懲戒処分は職員の一定の義務違反に対する責任の追及であるのに対し、分限処分は公務能率を維持するためのものであるからです。

✎ 分限処分の実態 --

　2017年度に全国の地方公共団体で分限処分を受けた職員は約25,000人。内訳は都道府県で約11,000人、市町村で約14,000人となっています。

　事由別では「心身の故障の場合」が最も多くなっています。

　処分の種類別では「休職」が最も多く、長期的には増加傾向にあります。なお、心身の故障のため長期の休養を要するとして休職処分となった職員は2017年度で24,502人にのぼり、処分者全体の約98％を占める結果となっています。

●図表5－8　分限処分の実態（2017年度）

（単位＝人）

	免職	休職	降任	降給	計
勤務実績がよくない場合	16	―	15	―	31
心身の故障の場合	32	24,502	39	―	24,573
職に必要な適格性を欠く場合	21	―	37	―	58
職制の改廃等により過員等を生じた場合	138	―	0	―	138
刑事事件に関し起訴された場合	―	92	―	―	92
条例に定める事由による場合	―	87	―	4	91
計	207	24,681	91	4	24,983

（出所）　総務省「平成29年度における地方公務員の懲戒処分等の状況」をもとに作成

●図表5－9　分限処分による休職者数の推移

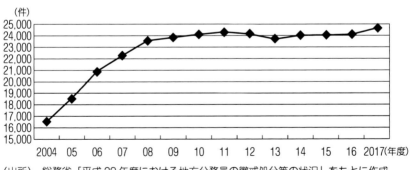

（出所）　総務省「平成29年度における地方公務員の懲戒処分等の状況」をもとに作成

6章 地方公務員の変わりゆく勤務条件

1 勤務時間・休暇等の考え方と実際

ここがポイント

勤務条件とは労働条件のことです。地方公務員の勤務条件は、住民の代表である議会で定めること（条例主義）、世間の相場に合わせること（均衡の原則）が基本です。勤務時間・休暇等もこの考え方で決められています。

◢ 勤務条件とは

勤務条件とは、民間企業でいう「労働条件」のことです。民間のアルバイトの募集案内でも、1日何時間・週何日の仕事か、休暇はどうなっているのか、時給はいくらかといったことが書かれているように、働く前提となる条件です。どのような条件で働いてもらうかを示しています。

具体的には、勤務時間・休暇や給与などを指しています。

どれだけの量の仕事をしてもらうかという勤務時間・休日・休暇等と、これに対してどれだけの給与を支払うかが基本になります。なお、広義では、どのようなルールのもとで働いてもらうかという服務規律や、給与以外の福利厚生なども含めて考える場合もあります。

◢ 勤務条件に関する原則

(1) 勤務条件条例主義

地方公務員の勤務条件は条例で定めるという「勤務条件条例主義」が原則です（地公法24条5項）。地方公務員の勤務条件は、住民の代表である議会で定めることとされているのです。

　なぜなら、どのように勤務条件を定めるかについて、公務員は民間企業と異なる状況にあるからです。例えば、民間企業では労使交渉で勤務条件を決めることができますし、小規模な企業では社長さんが臨機応変に融通を利かせながら対応することもできるかもしれません。しかし、公務員の勤務条件はそうは行きません。給与は税金を主な財源としていますし、スト権などの労働基本権にも制約があります。そこで、地方公務員の勤務条件は、住民の代表である議会で定めることとされているのです。

(2)　均衡の原則

　給与以外の勤務条件（勤務時間など）を定めるに当たっては、国や他の地方公共団体の職員とバランスを失しないようにしなければならないとされています（地公法 24 条 4 項）。給与以外の勤務条件に関する「均衡の原則」です。

　一方、給与については、国や他の地方公共団体の職員とのバランスに加え、民間事業の従事者の給与や、生計費、その他の事情も考慮することとされています（地公法 24 条 2 項）。7 章で詳しく見ます。

　給与以外の勤務条件については、民間との均衡よりも、勤務形態が類似する国家公務員に準拠することが原則とされていますが、国家公務員の勤務条件を定める際に全国的な民間の状況を踏まえて検討されているため、結果的には民間の状況から乖離したものにはならないのです。

◤ 勤務時間の定義と実際 ┄┄┄┄┄┄┄┄┄┄┄┄┄┄┄┄┄┄┄┄┄┄┄

　職員の勤務時間は条例で定められますが、労働基準法の適用を受けますので、その基準を下回ることはできません。労働基準法は休憩時間を除き、1 週間につき 40 時間・1 日につき 8 時間を超えてはならないとしており（32 条）、現在ほとんどの地方公共団体では 1 週間につき 38 時間 45 分・1 日につき 7 時間 45 分としています。

　休憩時間は、一般のお昼休みをイメージするといいでしょう。労働基準法は勤務時間が 6 時間を超える場合には勤務時間の途中に少なくとも45 分の休憩時間を設けるよう求めています（34 条）。地方公共団体で

は 60 分の休憩時間が与えられています。

休息時間は、既にほとんどの地方公共団体で廃止されています。

◢ 週休日と休日のちがい

公務員の「休みの日」に関わる言葉の使い方は労働基準法と異なっています。

完全週休二日制が 1996 年から全地方公共団体で導入されており、原則として日曜日と土曜日は、勤務時間が割り振られない日として「週休日」と呼ばれます。交替制の変則勤務などさまざまな特例があります。

一方、国民の祝日と年末年始は「休日」と呼ばれ、勤務時間は割り振られますが勤務が免除される日と整理されています。

◢ 休暇の種類と運用

休暇は、勤務するべき日や時間に、職員の請求に応じて承認された場合に勤務が免除される日や時間とされています。法律や条例に根拠が必要で、一般に給与は減額されません。

(1) **年次有給休暇**

年次有給休暇は、最低基準である労働基準法の基準を下回ることはできません。

実際の運用としては、国家公務員に準じて、条例の規定に基づいて、年間 20 日の年次有給休暇が与えられるのが一般的です。新規採用職員など、その年の勤務期間が短い職員は付与日数が調整されています。取得単位は日単位が原則ですが、半日または時間単位の取得もできます。1 年間に取得できなかった休暇は、20 日を上限に翌年へ繰り越すことができるのが通例です。

(2) **病気休暇・介護休暇・特別休暇**

このほか、取得事由を限ってその都度与えられる休暇があります。

① 病気休暇…病気や負傷のため療養する必要があるとき

② 介護休暇…配偶者、父母などの介護をする必要があるとき

③ 特別休暇…その他の特別の事由があるとき

2　進化する休業制度

ここがポイント

　地方公務員の変わり行く勤務条件の典型として、休業制度があります。近年、頻繁に改正が行われています。地方公務員法では、4つの休業制度が定められているほか、修学部分休業と高齢者部分休業などがあります。

休業制度の種類は4つ

　職員の休業制度には次の4つがあります（地公法26条の4）。

① 配偶者同行休業　　② 自己啓発等休業

③ 大学院修学休業　　④ 育児休業

　いずれも、職員が申請した場合に、公務の運営に支障がない範囲で、休業することができる制度です。期間は3年以内、給与は支給しないのが原則です。

配偶者同行休業

　配偶者が外国に滞在するのに同行する場合の休業です（地公法26条の6）。職員の配偶者が勤務等で外国に滞在している場合に、職員も一緒に滞在できるようにするための制度です。

　日本再興戦略（2013年6月閣議決定）で女性の活躍推進が取り上げられ、その中で「配偶者の転勤に伴う離職への対応」が掲げられたことから、地方公務員法も改正され2014年2月に施行されました。

自己啓発等休業

　職員が自らの意思で「大学等の課程の履修」または「国際貢献活動」を行う場合の休業です（地公法26条の5）。

　大学等の課程の履修は、「大学その他の条例で定める教育施設の課程の履修」とされています。大学の専攻科、大学院、これらに相当する外国の大学のほか、短期大学、専修学校等が考えられます。

国際貢献活動は、国際協力の促進に役立つ外国における奉仕活動のうち職員として参加することが適当なものとされています。そのための訓練などの準備も含まれます。

◢ 修学部分休業 ··

（休業制度ではなく部分休業ですが、比較のためここで説明します。）

職員が自らの意思で、大学その他の教育施設に修学するとき、一週間の勤務時間の一部分について勤務しないことを認める部分休業の制度です（地公法26条の2）。対象となる教育施設には、大学、短期大学、専修学校等が考えられますが、勤務場所からの通勤が可能なところに限られます。

◢ 大学院修学休業 ··

公立の小中高校の教諭等、教育公務員に認められる休業です。3年以内の年単位で、大学院等の課程を履修するための休業で、教育公務員特例法26条から28条によるものです。

◢ 育児休業 ··

育児をするための休業制度です。

「地方公務員の育児休業等に関する法律」で定められている制度で、職員は、子を養育するため、任命権者の承認を受けて、子が3歳に達する日まで、育児休業をすることができるとされています。原則1歳までの民間企業より手厚い制度となっています。

配偶者が育児休業をしていても休業することができます。育児休業の取得は同一の子について原則1回ですが、例外規定もあります。

育休中の給与

育児休業期間中の**給与は支給されません**が、期末手当・勤勉手当は勤務実績に応じて支給されるケースがあります。

また、地方公務員共済組合の休業給付として**育児休業手当金**が支給されます。民間従業員の雇用保険の措置と同様です。手当金は、育児休業

の最初の180日間は報酬日額の67％、その後は1歳になる日まで50％の額が支給されます。さらに、パパママ育休プラスに該当するときは1歳2か月までとなっているほか、保育所に入所できない等一定の要件に該当するときは、支給期間の特例があります。

✅ 育児短時間勤務 --

　小学校就学前までの子を養育する職員は、以下のように勤務時間を短縮して勤務することができます。

　　①　1日あたり4時間　　（週20時間）
　　②　1日あたり5時間　　（週25時間）
　　③　1日8時間で週3日　（週24時間）
　　④　1日8時間で週2日半　（週20時間）
　　⑤　①～④のほか週20時間～25時間勤務で条例で定める勤務形態
　いずれの場合でも1日の勤務が7時間45分であれば、例えば①は3時間55分となるなど勤務時間を換算する必要があります。

✅ 育児休業の部分休業 --

　小学校就学前までの子を養育する職員は、1日の勤務時間の一部分について勤務しないことができます。

　具体的には、勤務時間の始めまたは終わりに、1日2時間を上限として30分単位で勤務しないことができます。

●図表6−1　育児休業3つの制度の比較

区分	育児休業	育児短時間勤務	部分休業
対象	3歳に達するまで	小学校就学前まで	小学校就学前まで
勤務形態	勤務全てを免除	1日あたり4時間 1日あたり5時間 週3日 週2日半　等	1日2時間を上限に勤務を免除
給与	無給だが、共済から給付金	勤務に応じ支給	休業分を減額

育児休業等の取得状況

図表6－2を見ると、2017年度に新たに育児休業を取得できることとなった職員のうち、育児休業を取得したのは女性職員では99.3％、男性職員では4.4％となっています。

●図表6－2　育児休業等の取得状況

区　分	育児休業 対象者数	うち育児休業 取得者数	育児短時間 勤務取得者数	部分休業 取得者数
男性職員	62,639	2,750 （4.4%）	80	739
女性職員	43,770	43,457 （99.3%）	3,506	13,040
計	106,409	46,207 （43.4%）	3,586	13,779

（出所）　総務省「平成29年度地方公共団体の勤務条件等に関する調査」をもとに作成

また、図表6－3で育児休業を取得した期間を見ると、男性は1年以下が96.5％とほとんどを占めています。女性は1年以下・2年以下・3年以下がほぼ3分の1ずつです。しかし、6か月ごとに区切ってみると、1年6か月以下の合計は6割近く（56.0％）となっています。1年前後で区切りのよい年度初め等に復帰する例も多いことを考えると、約1年で復帰している職員が過半数であるとみることもできそうです。

●図表6－3　育児休業等の承認期間

区　分	育児休業 取得者数	育児休業の期間		
		1年以下	1年超2年以下	2年超3年以下
男性職員	2,750 （100.0%）	2,653 （96.5%）	70 （2.5%）	27 （1.0%）
女性職員	43,457 （100.0%）	14,753 （33.9%）	16,182 （37.2%）	12,522 （28.8%）
計	46,207 （100.0%）	17,406 （37.7%）	16,252 （35.2%）	12,549 （27.2%）

（出所）　総務省「平成29年度地方公共団体の勤務条件等に関する調査」をもとに作成

◢ 介護休暇（介護休業）

　介護休暇は、家族の介護をする職員の勤務を免除する制度です。

　家族とは、配偶者、父母、子、配偶者の父母その他一定の者とされ、その負傷、疾病、老齢により日常生活を営むのに支障がある場合の介護が対象で、6か月以内の期間内とされています。2017年からは、分割取得が可能になり、介護時間の制度が新設されました。

　なお、公務員の制度としては介護「休暇」とされています。休業とされていないため、地方公務員法の休業にも列挙されていません。休業とされていないのは、制度が創設された1993年当時、介護は必ずしも連続した長期のものではないことなどを考慮したためとされています。

　地方公務員については、民間労働者も対象とした育児・介護休業法で最低基準が示され、国家公務員の勤務時間法に準拠して条例で定めることとされています。

　休業期間中の給与は支給されませんが、地方公務員共済組合の休業給付として介護休業手当金が支給されます。民間の雇用保険の措置と同様です。手当金は、報酬日額の4割に一定率を乗じた額が支給されます。

◢ 高齢者部分休業

　高年齢にある職員が、定年退職日まで、1週間の勤務時間のうち一部分について勤務しないことを承認する部分休業の制度です（地公法26条の3）。

　高年齢にある職員の中には、家庭の事情や体力等の衰えから勤務時間を減らすことを希望する人もいます。また一方で、社会全体としてワークシェアリングの発想のように短時間勤務の形態であっても雇用の場を創出することが求められています。高齢者部分休業は、こうした要請に応えるための制度と言えるでしょう。

　なお、この制度により休業する職員の代替として短時間勤務職員を採用することができます（任期付職員法5条3項1号）。

column

女性の「雇用継続」と「活躍推進」

　女性は出産・子育ての期間、程度の差はあるものの何らかの形で職場を離れることとなり、このことが女性の活躍を阻む根源となっています。そこで育児休業制度の充実などの取り組みが進められています。

　しかし、女性の「雇用継続」と「活躍推進」は分けて考えるという視点を持つことも重要です。活躍推進には雇用継続が前提となりますが、雇用継続の阻害要因を取り除く対策が、そのまま活躍推進に役立つとは限らないからです。活躍推進のための対策は別に講じる必要があります。

　育児休業制度の充実も、女性の雇用継続には役立つものの、育児休業の長期化は活躍推進には妨げになるという研究があります。職場から離れる期間があまり長期に及ぶと、復帰しても活躍するまでにはなれないという指摘です。

　また、子どもへの影響についても、1歳を過ぎると、家族以外の子どもや大人と関わりを持つ方が、子どもの発達に有益だという海外の研究もあるそうです。

　地方公務員でも、3歳まで育児休業を取得できるなかで、約1年で復帰している例が少なくないという実態も、こうした観点からは望ましいことかもしれません。

【参考文献】
○脇坂明『女性労働に関する基礎的研究』日本評論社、2018年
○山口慎太郎『「家族の幸せ」の経済学』光文社、2019年　ほか

3　地方公務員の働き方改革

ここがポイント

　いま働き方改革が課題となっています。地方公務員も、長時間労働を前提とした働き方の価値観や意識を変革し、そうした仕事の進め方を改め、働き方を効率化させ、質の高い行政サービスの提供に努めることが求められています。

働き方改革関連法の施行

　2018年6月、働き方改革関連法が成立し、労働基準法をはじめとした労働関係の8つの法律が改正されました。（雇用対策法は改題され、労働施策総合推進法として改革の総合的な推進を定めています。）

　労働者がそれぞれの事情に応じた多様な働き方を選択できる社会を実現する「働き方改革」を総合的に推進するため、①長時間労働の是正、②多様で柔軟な働き方の実現、③雇用形態にかかわらない公正な待遇の確保等のための措置を講じることとされました。

　なお、高い関心を集めている「年休の5日付与義務」や「高度プロフェッショナル制度」など地方公務員に適用されないものもあり注意が必要です（地公法58条3項による適用除外等）。

働き方改革のめざすもの

　働き方改革の最大の目的は労働生産性の向上です。したがって、超過勤務が少なくなることや、年休が取得しやすくなることなど自体がゴールではありません。働き方改革がめざしているのは、働き方の効率を高めて、**質の高い行政サービスの提供**に努めることでしょう。

　そのために、過度な長時間労働を前提とした働き方の価値観や意識を変革し、そうした仕事の進め方を見直して、ICT（情報通信技術）を活用した業務の効率化や無駄の徹底的な排除による業務改善など、あらゆる知恵を絞って、生産性の高い働き方を模索することが求められていると言えるでしょう。

■ 残業時間の上限規制

働き方改革関連法のメインは、残業時間の上限規制です。

これまで我が国の残業時間は、事実上青天井でした。労使が労働基準法36条に基づく36協定を結べば月45時間・年360時間まで残業が認められ、さらに特別条項を設ければ上限をなくすことができました。

それに対して今回の改正で初めて上限規制が導入され、月45時間・年360時間の上限を原則として、労使で特別条項を設けても単月100時間・2～6か月平均で80時間・年間で720時間（月平均60時間）未満という上限が設けられました。1か月あたり100・80・60時間と理解すると覚えやすい制度です。また月45時間を超えてもよいのは年6回までとされています。

この上限規制を超えた残業には罰則が設けられました。違反すると、使用者に懲役や罰金が科せられることになります。ここでいう使用者は、事業主だけでなく、公務でいうと超過勤務命令権者が該当します。

地方公務員への適用関係

以上の規定は、いわゆる民間労働者に対する規定ですが、地方公務員のうち労働基準法別表第1に掲げる事業に従事する職員にも適用されます。土木事務所、保健所、病院、清掃などの事業です。

一方、その他の地方公務員（官公署の事業の職員）の超過勤務は、公務のために臨時の必要がある場合に命じるものとされており（労働基準法33条3項）、民間労働者の残業と制度の枠組みが異なっています。しかし、公務においても長時間労働を是正すべき必要性は異なるものではなく、超過勤務の縮減に取り組んでいく必要があります。

このため、地方公務員についても、働き方改革関連法に対応して国家公務員において定められた次の制度を踏まえて条例等の改正を行うこととされています。国家公務員における制度としては、月45時間・年360時間の上限を原則とし、**他律的な業務**の比重が高い部署の職員については単月100時間・2～6か月平均で80時間・年間で720時間未満という上限が設けられています。さらに、**特例業務**として、大規模

な災害への対応など公務の運営上真にやむを得ない場合には、この上限を超えることができるとされ、この場合には事後的に検証を行うこととされています。

　他律的な業務としては、国家公務員では国会関係、国際関係等が挙げられており、地方公務員では地域住民との折衝等が考えられています。特例業務としては、国家公務員では大規模災害への対処、他国との重要な交渉等が挙げられています。いずれも（本来は）必要最小限のものとすることが求められています。

　なお、官公署の事業の地方公務員に罰則は設けられていません。

●図表6-4　残業時間の上限規制

民間労働者 ＋ 地方公務員の一部（土木・保健所・病院・清掃等）

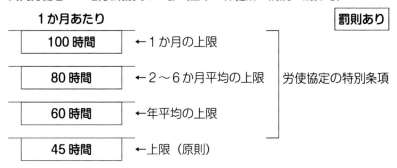

地方公務員（官公署の事業の職員）

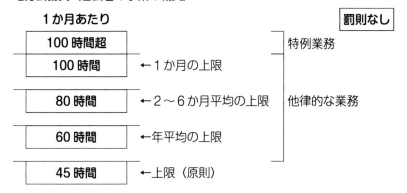

■ 長時間労働慣行の見直し

　地方公務員の働き方改革としても、まず取り組まなければならないのは、長時間労働慣行の見直しでしょう。

　公務員の勤務時間は「9時から5時まで」という世間の目とは裏腹に、想像を絶するような**長時間労働が常態化**しているのが現実です。

　その実態をデータで示すのは難しいのですが、総務省が2015年に調査した「地方公務員の時間外勤務に関する実態調査」が参考になります。この調査は全国の都道府県・政令指定都市・県庁所在市を対象とした調査ですが、2015年度に超過勤務が月60時間を超えた職員が13万2千人、そのうち**月80時間を超えた職員は5万人**を超えています。月80時間超の超過勤務というのは、労災認定基準において業務と脳・心臓疾患の関連性が強いと評価される、いわゆる「過労死危険ライン」です。これをはるかに超える勤務も少し前までは普通でした。さらに、これらのデータは**手当支給ベース**だということも注意が必要です。

　一方で、この調査結果が公表された際の新聞報道は「地方公務員の残業158時間、民間を上回る」といった見出しでした（2017年5月3日付日本経済新聞ほか）。地方公務員も平均では年間158時間程度なのです。年間158時間といえば、月13時間、1日37分しかありません。そして民間企業も平均ではさらに少ない時間数です。平均値のマジックです。平均値では実態を見失うことがあります。限られた人員に業務が集中しやすい傾向は、公務でも顕著なのです。だからといって、一部の職員だから（5万人ぐらい）過労死の危険にさらしてもよいということにはなりません。対策が必要です。

　長時間労働慣行は多くの弊害をもたらします。仕事の能率、職員の健康への悪影響はもちろん、人材の確保の観点からも大きな問題となっています。多くの優秀な人材が長時間労働に嫌気をさして公務を離れて行っていると言われています。

　適正な人員配置と業務の平準化に努めるとともに、職員の意識改革と、業務の合理化・効率化等の取り組みをより一層推進する必要があると言えるでしょう。

◢ 「ゆう活」とは

「ゆう活」は、国が推奨する夏の生活スタイル変革の通称です。明るい夕方のうちに仕事を終わらせて、夕方から家族や友人との時間を楽しむ。そんな取り組みをきっかけとして、ワーク・ライフ・バランスを考え、豊かな生活を送ろうという取り組みです。

◢ フレックスタイムの拡がり

フレックスタイムは、ワーク・ライフ・バランスの意識の高まりや、働き方に対するニーズの多様化等を踏まえた働き方改革の1つとして推進されています。育児や介護を行う職員など、多様なニーズが考えられます。

国家公務員については、1993年にまず研究職に導入され、その後、徐々に対象職員の範囲が拡大されてきました。2016年度からは全ての国家公務員が対象とされています。

地方公務員についても、各地方公共団体の実情に即して制度整備が進められています。

公務員のフレックスタイム

ただフレックスタイムといっても、民間企業で行われているフレックスタイムとは少し違うものであることに注意する必要があります。

民間企業のフレックスタイムは、コアタイムという共通の出勤時間帯を設けて、それ以外は自由な時間に勤務するもので、裁量労働のような業務と一体となったものが多くなっています。

一方、公務員のフレックスタイムは、始業時刻と終業時刻について、職員の事前の申告を踏まえて**勤務時間を割り振る制度**です。さらに、コアタイムは、公務の運営に支障がないよう、組織的な対応を行うために全員が勤務する時間を長く設定することが適当とされています。

国家公務員の例を見ると、コアタイムを毎日5時間として、勤務時間は4週間ごとに1週間あたり38時間45分となるように事前に割り振ることが原則とされています。

　育児・介護を行う職員は、特例として、①コアタイムを毎日２時間以上４時間30分以下の範囲で設定し、②勤務時間の割振単位を１週間から４週間の範囲で選択して設定でき、③週休日を日曜日と土曜日に加えて週に１日設けることができます。

●**図表６－５　公務員のフレックスタイム**

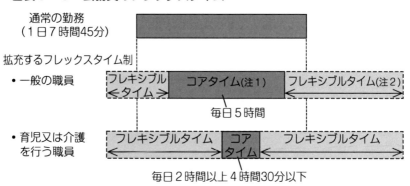

（出所）　2015年人事院勧告資料

▨ 進むテレワーク

　働き方改革として業務の効率化にさまざまな取り組みが進められています。

　テレワークは、ＩＣＴ（情報通信技術）を活用して、場所や時間にとらわれない柔軟な働き方をめざすものです。ＩＣＴ活用の先陣を切る形で、公務ではいち早く取り組まれてきました。サテライトオフィスの設置や、モバイルパソコンを用いた在宅勤務などが進められています。

▨ ＩＣＴ（情報通信技術）の可能性

　ＩＣＴの活用には大きな期待が寄せられています。**ＡＩ（人工知能）やＲＰＡ（ロボティック・プロセス・オートメーション）**を活用した業務の効率化は、無限の可能性を秘めていると言われています。

　待機児童の保育所への割り振りや、対話形式の行政情報応答サービス、会議録の作成や要約に**ＡＩが活躍**しているといったニュースがよく聞かれるようになりました。これまで膨大な時間を要していた業務の効率化に期待できるものも多いと思います。

　しかし、ＩＣＴ技術の強みを存分に活用した上で、やはり人にしかできない業務も随分と残るとも言われています。もしかしたら、そうして残る業務こそ本来やらなければならなかった業務かもしれません。ロボットにできることはロボットにやってもらって、人にしかできない本来の業務に取り組むことにしましょう。これこそが働き方改革です。

　現実的な取り組みはまだまだ試行段階のものが多いようですし、夢のブラックボックスに思考を逃避させてはいけませんが、社会全体の技術革新による進歩に立ち後れることなく対応していくことが重要でしょう。

●**図表６−６　働き方改革としての業務の効率化**

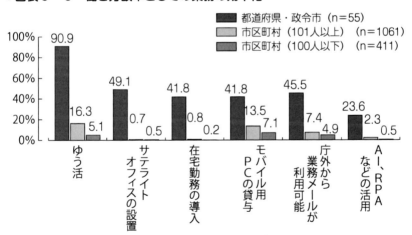

（出所）　総務省「女性地方公務員活躍・働き方改革推進に関する実態調査」
　　　　地方公共団体アンケート（2018 年）

column

働き方改革は「もっと働け」から「しっかり働け」へ

働き方改革の捉え方について、公務と民間で温度差があるように感じることがあります。

公務の現場で働き方改革について尋ねると、超過勤務の削減や年休の取得促進の方策を巡っての苦労話が多く聞かれます。

一方、民間企業の人事担当者の話を聞いたり、ビジネスマンに向けた日本経済新聞やビジネス書を見ていると、そのトーンが異なるように思えます。働き方改革を「もっと働け」から「しっかり働け」への変革と捉えているようです。

働き方改革の最大の目的は労働生産性の向上です。改革法の元となった「働き方改革実行計画」には、働き方改革こそが労働生産性を改善するための最良の手段であると明記されています。

労働生産性というのは曖昧な表現で、本来は労働時間あたりの生産性ですが、国際比較などに用いられている労働生産性は、労働者一人あたりの付加価値の額（ＧＤＰ／就業者数）です。だとすると、労働生産性を向上させるためには、一人ひとりが今まで以上にしっかり働く必要があるということになります。ただそのために、効率の悪い過度な長時間労働を改め、生産性の高い働き方にしていこうとしているのです。

したがって、働き方改革で「残業はしなくてよくなり、休日が多くなって、そんなに一生懸命に働かなくてよくなる」といった捉え方は呑気な勘違いかもしれません。もっと長い時間働けということはなくなるとしても、時間内でしっかり働いて成果を出せということになると考えた方がよさそうです。

4　心の健康とハラスメント防止

ここがポイント

　地方公務員の職場でも心の健康（メンタルヘルス）を害する職員が増えています。ストレスチェック制度の創設など、心の健康の取り組みを概観します。ハラスメントの防止についても考えてみましょう。

◢ 心の健康（メンタルヘルス）は喫緊の課題

　地方公務員安全衛生推進協会が毎年実施している「地方公務員健康状況等の現況」によると、地方公務員の長期病休者のうち、「精神及び行動の障害」（精神疾患）を原因とするものが最も多くなっています。その比率は2008年度までの10年間に急激に増加し、その後も高い比率のまま推移しています。2012年度以降は、精神疾患を原因とするものが長期病休者全体の半数以上を占めるに至っています。

● 図表6－7　長期病休者率（10万人率）の推移

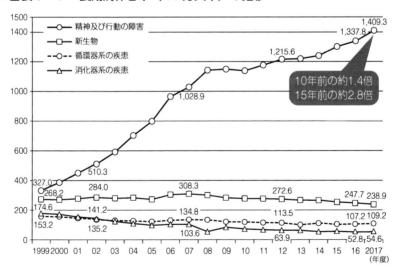

（出所）　地方公務員安全衛生推進協会「地方公務員健康状況等の現況（各年度版）」

▰ 心の健康づくり対策

地方公務員の心の健康づくりは、その職員や家族にとって重要であるばかりでなく、職員が高い士気を持って能力を十分に発揮し、住民に対して的確に行政サービスを提供するという観点からも重要です。

心の健康づくり対策は、次の3段階で講じられています。

① 一次予防…心の不調者の発生防止

② 二次予防…早期発見と早期対応

③ 三次予防…円滑な職場復帰と再発防止

そもそも心の不調者を出さないよう、未然に防ぐことが重要であることから、一次予防にいっそう力を入れた取り組みが進められています。

▰ ストレスチェック制度の創設

労働安全衛生法の改正により、2015年12月から労働者が50人以上いる事業所では、「ストレスチェック」の実施が義務付けられました。

ストレスチェックは、職員の心理的な負担の程度を医師や保健師らによって把握しようとする検査です。一次予防と呼ばれるメンタルヘルス不調の未然防止を第一の目的としています。具体的には、職員自身のストレスへの気付きを促すことと、ストレスの原因となる職場環境を改善しようとするものです。

●図表6−8　ストレスチェックの実施手順

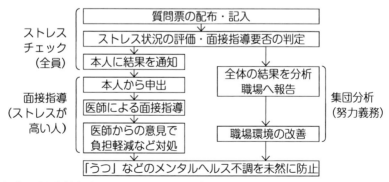

（出所）　厚生労働省「ストレスチェック制度導入マニュアル」をもとに作成

◢ 職場のパワハラの防止

　2019年に「労働施策総合推進法」が改正され、職場のパワーハラスメント (パワハラ) の防止に関する規定が盛り込まれました。日本で初めて**パワハラ防止についての法律が成立**したことになります。

　改正法では、パワハラの定義が定められました。①優越的な関係が背景、②業務上必要かつ相当な範囲を超えた言動、③身体的・精神的苦痛を与える、の3つの要件を満たすものです。事業主には、相談体制の整備や被害を受けた職員へのケアや再発防止など、雇用管理上の必要な措置等を義務づけるとともに、職員には、パワハラに対する関心と理解を深め、他の職員に対する言動に必要な注意を払うこと等を求めています。

　しかし、具体的な行為がパワハラに当たるかどうかの判断は簡単ではありません。業務上の合理的な行為との区別が難しいからです。業務に熱心な行為は見方によってはパワハラに見えることもあるのです。法律が**パワハラ自体の禁止は明記していない**のもそのためと言われています。

　パワハラは、職員のメンタルヘルスを悪化させ、職場全体の士気や生産性を低下させます。対策が必要ですが、組織や上司の努力だけで解決できるものではありません。職員一人ひとりが「働きやすい職場は自分たちで作る」という主体的な参加意識を持つことが大切です。

◢ セクハラの防止

　セクシュアルハラスメント（セクハラ）は、職場環境の悪化はもちろん、ひいては公務の効率的な運営に重大な影響を及ぼす場合もあります。

　このため、セクハラを未然に防止することに積極的に取り組む必要があります。苦情や相談に適切に対応し、男女が平等で対等な関係で快適に働くことができる職場環境の確保に努めることが重要です。

　なお、2019年に「男女雇用機会均等法」等が改正され、セクハラに起因する問題に関する事業主と職員の責務が明確化され、他の職員に対する言動に注意を払うよう努めることなどが定められました。職員が事業主にセクハラの相談をしたこと等を理由とする事業主による不利益取扱いを禁止する規定も置かれています。

5 共済年金は厚生年金へ

被用者年金の一元化で、共済事業のうち長期給付と言われる共済年金は、厚生年金に統一されました。しかし、共済事業がなくなるわけではありません。改正後の共済事業の全体像を把握しましょう。

◤ 共済事業とは

職員やその被扶養者が、病気や負傷等一定の事故に遭ったとき、一人ひとりでの対応では困難な場面も多いことから、相互に救済し合うシステムとして共済制度があります。地方公務員法43条の要請により、地方公務員等共済組合法に基づいて具体的な共済事業が実施されています。対象となる事故は、職員の病気、負傷、出産、休業、災害、退職、障害、死亡、被扶養者の病気、負傷、出産、死亡、災害です。

◤ 共済事業のなかみ

職員が納付する掛金と地方公共団体が支出する負担金とを原資として、次の3つの事業が行われています。

(1) 短期給付

民間の健康保険制度に相当するものです。職員とその被扶養者の病気、負傷などに対して行われる給付事業で、保健給付、休業給付、災害給付の3つがあります。

(2) 長期給付

厚生年金に統一された共済の年金制度です。組合員が退職・被障害・死亡した場合に支給される給付です。

(3) 福祉事業

組合員とその家族の福祉の増進のために行う事業です。保健事業、特定健康診査・特定保健指導事業、電話健康相談事業、医療事業、宿泊事業、貯金事業、貸付事業、物資事業等があります。

◾ 被用者年金の一元化とは

　職員の共済事業のうち長期給付と言われる共済年金は、2015年10月から厚生年金に統一されました。社会保障・税一体改革関連法の1つである被用者年金一元化法による公的年金制度の一元化です。

(1)　一元化の趣旨

　少子高齢化の一層の進展等に備え、年金財政の範囲を拡大して制度の安定性を高めようとしたものです。考え方としては、公民を通じて、同一の報酬であれば同一の保険料の負担で同一の公的年金給付を受けるという公平性をめざしたものです。

(2)　改正の概要

　共済年金の厚生年金への一元化により、保険料率は厚生年金の保険料率に統一され、共済年金の職域部分は廃止、年金払いの退職給付が創設されました。

- ・公務員も厚生年金に加入し、2階部分の年金は厚生年金に統一
- ・共済年金と厚生年金の制度の相違は、厚生年金に揃えて解消
- ・共済年金の1階部分と2階部分の保険料は引き上げ、厚生年金の保険料率（上限18.3％）に統一
- ・共済年金の公的年金としての3階部分（職域部分）は廃止
- ・年金払い退職給付（有期年金と終身年金）を導入

●図表6−9　被用者年金一元化後の公的年金制度の体系

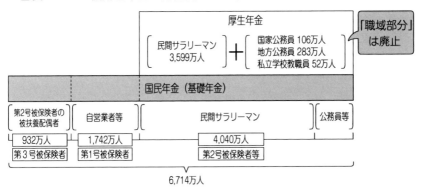

（出所）　地方公務員共済組合連合会パンフレット（数値は2015年3月末）

6 「不服申立て」は「審査請求」へ

ここがポイント

　職員の公平審査に関する制度には、従来、「勤務条件に関する措置要求」と「不利益処分に関する不服申立て」がありましたが、後者の不利益処分に関する不服申立ては、行政不服審査法の改正に伴い「審査請求」へと改正されました。

行政不服審査法の大改正

　改正行政不服審査法が、2016年4月から施行されました。

　行政不服審査法は、1962年の制定以来50年以上、大きな改正がありませんでした。しかしその間に、行政手続法が制定され、行政事件訴訟法が大改正されました。こうした中で、ようやく行政不服審査法も改正されたのです。そのねらいは①公正性の向上、②使いやすさの向上、③国民の救済手段の充実・拡大です。

不利益処分に関する「不服申立て」は「審査請求」へ

　行政不服審査法の大改正に伴い、不利益処分に関する不服申立ては審査請求へと改正されることになりました。

(1) 手続を「審査請求」に一元化

　不服申立ての手続として、従来あった「異議申立て」手続が廃止され、「審査請求」に一元化されたことから、不利益処分に関する不服申立ては審査請求へと改正されることになりました。

(2) 審査請求期間の延長

　審査請求できる期間が従来の60日から3か月に延長されました。

● 図表6-10　職員の公平審査の制度

| 勤務条件に関する措置要求 | ·············> 存続 |
| 不利益処分に関する「不服申立て」 ⇨ 改正 | 不利益処分に関する「審査請求」 |

勤務条件に関する措置要求 ----------------------------------

職員は、給与や勤務時間などの勤務条件に関して、地方公共団体の当局が適当な措置を執るように、人事委員会・公平委員会に要求することができます。これを「勤務条件に関する措置要求」といいます（地公法46条〜48条）。

制度の趣旨は、全体の奉仕者としての地位の特殊性と職務の公共性のため、労働基本権の制約を受けている職員の権利利益を保護しようとするものです。

措置要求ができるのは職員です。臨時的任用職員や会計年度任用職員、条件付採用職員も含まれますが、労働基本権の制約の状況が異なる企業職員や単純労務職員は含まれません。また退職者も含まれませんので、退職者による退職手当についての措置要求はできません。

人事委員会・公平委員会は、審査の上で判定を行い、権限内の事項は自ら実行し、権限外の事項は権限を有する機関に「勧告」を行います。

2017年度に全国の地方公共団体で行われた措置要求は図表6−11のとおりで、給与と勤務時間に関するものが多い状況になっています。

●図表6−11　勤務条件に関する措置要求の状況（2017年度）

区分	前年度からの繰越	2017年度新規要求	計
給　　与	1,111	137	1,248
旅　　費	1	3	4
勤務時間	43	93	136
休　　暇	4	18	22
執務環境	11	9	20
厚生福利	2	0	2
転　　任	1	5	6
任　　用	3	13	16
そ の 他	46	128	174
計	1,222	406	1,628

（出所）　総務省「平成29年度における地方公務員の措置要求及び審査請求等に関する審査状況の概要」をもとに作成

◢ 不利益処分に関する審査請求

　懲戒処分など自分の意志に反して不利益な処分を受けたと思う職員は、人事委員会・公平委員会に対して審査請求をすることができ、これを「不利益処分に関する審査請求」といいます（地公法49条〜51条の2）。

　制度の趣旨は、勤務条件に関する措置要求と同様に、労働基本権の制約を受けている職員の権利利益を保護しようとするものです。

　審査請求ができるのは不利益な処分を受けたと思う職員です。会計年度任用職員は含まれますが、企業職員、単純労務職員、退職者が含まれないほか、臨時的任用職員や条件付採用職員も含まれません。

　人事委員会・公平委員会は審査を行い、処分を適当なものとして承認するか、処分を修正したり取り消したりすることができます。また必要な場合には、任命権者に対して給与の回復など不当な取扱いを是正するための指示をします。

　2017年度に全国の地方公共団体で行われた審査請求は図表6−12のとおりで、懲戒処分に関するものがほとんどです。

●図表6−12　不利益処分に関する審査請求の状況（2017年度）

区分		前年度からの繰越	2017年度新規請求	計
分限処分	降給	1	0	1
	降任	4	1	5
	休職	12	15	27
	分限免職	20	15	35
懲戒処分	戒告	134,386	14	134,400
	減給	13,831	11	13,842
	停職	578	16	594
	懲戒免職	84	37	121
転任		11	1	12
その他		9	22	31
計		148,936	132	149,068

（出所）　総務省「平成29年度における地方公務員の措置要求及び審査請求等に関する審査状況の概要」をもとに作成

7章 地方公務員給与の大変革

1 地方公務員給与のきほん

　地方公務員給与は大変革の時を迎えています。その概要を見ていきましょう。まず、地方公務員給与の基本的な事項について確認します。給与は給料と手当で構成され、基本給に当たる給料は給料表で定められています。

◤ 給与＝給料＋諸手当

　給与は、職員の勤務に対する対価として地方公共団体から支給される金銭給付です。給料と諸手当で構成されています。

　給料は「基本給」に当たるもので、職員たる身分に対する給付です。正規の勤務時間の勤務に対する給付といったイメージです。

　手当は、給料を補完するもので、時間外勤務手当など正規の勤務時間外の勤務に対する給付や、通勤手当や住居手当など、必要な経費の負担を補う給付などがあります。

◤ 給与決定の原則

　給与は勤務条件の典型ですから、6章で見た勤務条件の決定原則である条例主義の原則や均衡の原則（本書128頁参照）が当てはまります。

　これらに加えて、**職務給の原則**が重要です。給与は職務と責任に応じて決定すべきであるとする原則です。

- 条例主義の原則（地公法24条5項、25条1項）
- 均衡の原則　　（地公法24条2項）
- 職務給の原則　（地公法24条1項）

■ 給料は給料表で決められている

給料は、職務給の原則に基づいて、職員の職務と責任に応じて決定されます（地公法24条1項）。

具体的には、「給料表」の特定の「級」における特定の「号給」に位置付けられることによって決定されます。

(1) 給料表の種類

給料表は、職務の種類に応じてそれぞれ別の給料表が定められています。行政職給料表、警察職給料表、教育職給料表、研究職給料表、医療職給料表、福祉職給料表などが用いられています。

(2) 職務の級

各給料表には、職務の複雑、困難、責任の度合いに応じて、いくつかの「級」が設けられています。各級の基準となる職務は「等級別基準職務表」で定められています（地公法25条3項2号、5項）。

(3) 号給

さらに、各級には、それを細分化した「号給」が設けられています。これは、同一の級であっても、職務経験を重ねることによって職務の習熟度が上昇したことなどを評価して給料に反映させるものです。

(4) 級・号給の決定

このように、給料の額は、給料表上の「級」と「号給」の組み合わせで決定されることになります。

(5) 初任給の決定

新たに採用された職員の初任給は、その職員の学歴、職歴等に応じて決定されます。採用前に民間企業や国・他の地方公共団体等で勤務経験がある場合は、その経験年数の一定割合を初任給の号給に上乗せすることになります。

(6) 昇給、そして昇格

昇給とは、1つの級の中で、現在よりも上位の号給に決定されることです。毎年1月に昇給することを原則としています。

昇給によって上昇する号給の数は、人事評価に基づいて決定されます。「標準的な成績で勤務した場合は4号給昇給させることを基本とし、

最高で8号給、最低は昇給がない」といったように、人事評価の結果によって昇給する幅に差が生じることになっています。

　さらに、昇任して、職務の複雑、困難、責任の度合いが高まるときは、上位の級に位置付けられる「昇格」をすることになります。

●**図表7-1　給料表のしくみ**

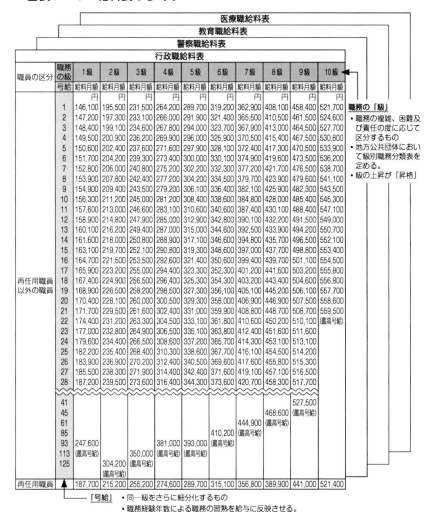

（出所）　総務省「地方公務員の給料表の仕組み」、2019年人事院勧告

2　意外と知らない公務員給与のしくみ

ここがポイント

　公務員給与を適切なものとするには、全体の水準をどのように決定するかが最も重要です。現行制度は均衡の原則のもと、制度は国家公務員に準拠しつつ、水準は地域の民間給与に準拠するしくみとなっています。

■ 給与水準の決定

　公務員の給与水準は2段階で決められます。まず民間との均衡で全体の水準が決められ、それを基準として、個々の職員の給与額は個々の成績に応じて決められます。

　イメージとしては、まずその地方公共団体の全職員の水準を地域の民間との均衡をもとに決めておいて、それを給与原資として、個々の職員の人事評価に基づいて個々の職員の給与額が配分されるといったところです。

●図表7-2　給与水準の決定

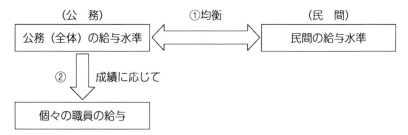

■ 全体の水準を決める方法が一番大事

　全体の水準を決めた上で個々の職員にはそれが配分されるだけですから、地方公務員給与のあるべきすがたを考える際には、この全体の水準を決める方法が適当かどうかを検証することが最も重要です。

　例えば、自称オンブズマンといった人が、個別の手当が民間より高い

といった指摘をすることがありますが、これはほとんど意味がありません。なぜなら、全体の水準を決めた中での「配分の問題」であるため、その手当を引き下げたところで、代わりに他の給与が引き上げられることになるからです。

▨「均衡の原則」が大原則

　全体の給与水準を決める考え方について地方公務員法は、「職員の給与は、生計費、国・他の地方公共団体の職員の給与、民間事業の従事者の給与等を考慮して定めなければならない」としています（24条2項）。均衡の原則と呼ばれる給与決定の大原則です。

▨ 均衡で決めることが必要なワケ

　民間企業なら、その企業の収益を基準として市場原理に基づいて自ずから最適な給与水準へと導かれるという面があるでしょう。

　しかし、地方公共団体の場合は違います。公務の目的である「公共の福祉の増進」を金銭で把握することは難しいからです。

　また、現行の税制度では、職員の職務への精励と税収には基本的に何の因果関係もない構造となっていることも覚えておく必要があります。例えば、その市のケースワーカーさんが誠心誠意に素晴らしい仕事をしても、あるいはしなくても、それとは関係なく、法人税額の大きな企業が多い都市では税収が多いですし、そうではない地方では税収は多くはならないでしょう。このような制度のもとで、収益に基づいて給与を決定することは適当とは考えられないのです。

▨ 均衡の原則の意味

　そこで、地方公務員の給与は、民間事業の従事者の給与等と均衡がとれた水準に決定しようというのが「均衡の原則」です。

　均衡の原則は、行政でやっている仕事について、仮に同じような種類の仕事を民間企業でやった場合に支給される給与と比較して、同じぐらいの給与になるように均衡をとろうというものです。

地方公務員も給与を得て生活している労働者ですから、民間で同じような仕事をした場合に得られる給与より低い給与しか得られないとしたら、必要な職員の確保は難しくなるでしょう。それだと「給与は小遣い稼ぎ程度でよい」というお金持ちしか公務員になれなくなります。

また一方で、同じような仕事をした場合に民間企業等で得られる給与より高い給与とすると、住民の納得が得にくいものとなります。現代の社会で、同じような仕事をした場合に公務員の給与を高くする理屈はありません。

この両方の要請に応えるのが均衡の原則なのです。

◢ 誰との均衡を図る？ --

地方公務員法は、国家公務員・他の地方公務員、民間事業の従事者の給与との均衡を求めていますが（24条2項）、国家公務員の給与と地域の民間給与とが一致するとは限りません。

そこで、給与の①**制度**は国家公務員との均衡を図り、②**水準**は地域の民間との均衡を図ることが原則とされています。

●図表7－3

◢ 均衡は「同種同等比較」で実現 ------------------------------------

均衡の原則における水準の「均衡」は、具体的には、仕事の種類や、責任の度合い、勤務地域、学歴、年齢など、給与決定に影響を与える条件が近い民間企業の労働者と比較して図られることになります。

これを「**同種同等比較の原則**」と呼びます。

均衡を実現するプロセス ----------------------------------

　均衡の原則の実現に当たって、地方公務員は労働基本権を制約されているため、労使交渉でそれを実現していくことができません。

　そこで、都道府県や政令指定都市など人事委員会が置かれている地方公共団体では、人事委員会がその役割を担うことになります。

　人事委員会は毎年、職員の給与について調査・研究し、勧告しています。いわゆる「人事委員会勧告」の制度です。

　具体的には、①制度については、国家公務員における人事院勧告の内

●図表7－4　給与改定の手順

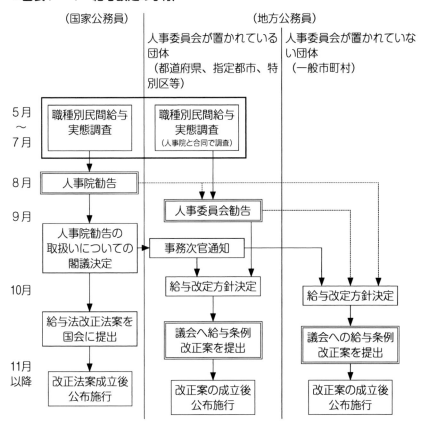

（出所）　総務省「地方公務員の給与改定の手順」

容を踏まえつつ、②水準については、その地域の「民間給与」と「職員給与」を調査して、その水準の差を**「公民較差」**として算出し、これを埋める内容の改定を議会と長に勧告しています。

　勧告を受けた長は、勧告を尊重して、給与条例の改正案を議会に提案し議決を得ることで、給与改定が行われ、均衡の原則が実現されています。

　なお、多くの市町村など人事委員会が置かれていない団体では、国や都道府県の改定を参考に、給与改定が行われています。

◢ 人事委員会による公民比較 〜ラスパイレス方式〜

　公と民の労働者について、同種同等比較の原則に基づき、条件が同じ者同士を比較して、個別の較差を算出し、この個別の較差をもとに全体の較差を算出します。条件が同じ者とは、前述のとおり、仕事の種類、責任の度合い、勤務地域、学歴、年齢などが同一の者のことです。

　個別の較差から全体の較差を算出する際には、公務員の人員分布が用いられます。このため**ラスパイレス方式**と呼ばれる比較方法です。

◢ 具体的な公民比較の例

　公と民の労働者の比較について、一例として、**責任の度合い＝役職段階**が類似する者同士の比較を見てみましょう。

　図表7−5の図の左側が公務です。9級の部長から新入職員の1級までいます。例えば7級だと、本庁の課長や地方機関の所長といったクラスですが、これと比較する右側の民間を見て行きましょう。まず企業の規模で大企業・中堅企業・中小企業に分けます。大企業では課長クラスと比較しますが、課長といっても名称は企業によってまちまちですから、名称に関わらず係を2つ以上持っているような課で、部下が10人以上いるような組織の長である人と比較します。中堅の企業では、部長クラスと比較します。この場合も名称に関わらず課を2つ以上持っているような課で、部下が20人以上いるような組織の長である人と比較します。支店長、工場長などとも規模に応じて比較します。中小企業につ

● **図表7-5　対応する役職段階での比較**

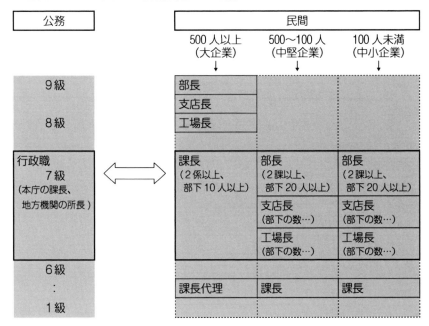

いても同じように、権限と責任が類似すると考えられる役職の人と比較
を行います。

　このような作業を7級だけでなく全ての級について行います。

　責任の度合い＝役職段階が類似する者同士の比較というのは、このよ
うなぶつけ合いをして、さらに、**勤務地域、学歴、年齢階層**なども類似
する者同士の比較を行うのです。

■ 「公民較差」を埋める精緻な改定

　こうして全国で約55万人の民間労働者のデータをもとに比較を行
い、公と民の給与水準の差である**「公民較差」**が算出されています。

　この公民較差は、率にして0.01％の単位まで、金額にして月例給与
で円単位まで示され、この「公民較差」を埋める改定が毎年行われてい
ます。確立された精緻な制度と言えるでしょう。

● 図表 7 − 6 公民較差の算出プロセスのイメージ

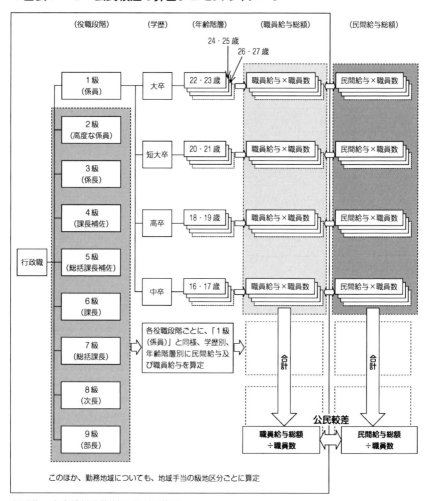

（出所）　人事院勧告資料を参考に作成

3　地方公務員給与のよくある誤解

ここがポイント

> 「公務員給与は民間給与を上回っている」という主張が繰り返されています。「公務員給与は民間より４割高い」と言う人までいます。地方公務員給与のよくある誤解について検証し、正しい理解を深めます。

■ 公務員給与は高い？

　前節で見たとおり、地方公務員給与の水準は、精緻な公民比較に基づいて決定されています。少なくとも人事委員会を置く都道府県や政令指定都市等では、人事院と同様の手法で地域の民間給与との均衡を図り、給与水準を定めています。

　このことは、他の統計データでも確認することができます。我が国の給与統計としては最大の「賃金センサス（厚生労働省）」でも、公務に類似する製造業の管理・事務・技術の労働者で、短時間勤務の労働者を除くことで条件を揃えて比較すると、人事院・人事委員会の調査結果とほぼ同様の結果が得られます。

　しかし、「公務員給与は民間給与を上回っている」という主張が繰り返されています。

■ 「誤った指摘」を考える

　地方公務員給与を巡っては、いくつかの誤った指摘が繰り返されています。

　特に多いのが、人事委員会が公民較差を算出する際に行っている民間給与実態調査がおかしいという次のような指摘です。

- 民間のホワイトカラーとだけ比較しているという指摘
- 民間の正社員とだけ比較しているという指摘
- 民間の大企業とだけ比較しているという指摘　等

これらについて検証してみましょう。

◢ 「民間のホワイトカラーとだけ比較している」という誤解 …

　人事委員会の給与勧告の対象は、公務員のうち労働基本権が制約されている職員です。そして民間給与と比較を行っているのは、そのうちの**「行政職」の職員**です。ここには民間のブルーカラーに当たる技能労務職や公営企業職員は含まれていません。

　このため、公務側の「行政職」と同種同等の比較を行う対象は、民間企業の事務・技術の職といわれるホワイトカラーの社員なのです。

　もし、比較対象に民間のブルーカラーも含めるなら、公務の方も技能労務職などを含めなければなりません。そうすると、雑多なもの同士の比較となり調査の精度が落ちる上、そもそも労働基本権制約の代償措置である人事委員会勧告とは別の意味の調査になってしまいます。

●図表７－７　公務と民間の比較対象

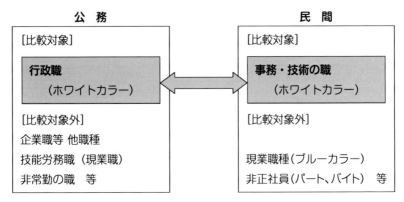

◢ 「民間の正社員とだけ比較している」という誤解 ………………

　人事委員会が民間給与と比較を行っているのは、行政職の常勤職員であり、それらはもちろん**「正規」の職員**です。非正規雇用にあたる非常勤職員は含まれていません。

　したがって、公務側の行政職の「正規」の職員と同種同等の比較を行う対象は、民間企業の正社員なのです。

　もし、比較対象に民間の非正社員（パートタイマーやアルバイト等）を含めるなら、公務の方も非正規雇用にあたる非常勤職員を含めなければなりません。そうすると、勤務時間数も異なるようなさまざまな雇用形態の人を一緒にして比較するのですから、精緻な比較ではなくなってしまいます。

◢「民間の大企業とだけ比較している」という誤解

　人事委員会が比較の対象としている民間企業の**約3分の1は中小企業**基本法にいう中小企業です。この意味で、大企業とだけ比較しているという指摘は誤っています。

　ただし、現行の制度では「企業規模50人以上、かつ、事業所規模50人以上」の民間事業所を比較対象としていますので、社員数が50人未満といった規模の小さな民間事業所が含まれていないのは事実です。

　しかしそれは、現行の人事委員会の調査体制のもとでは、最善の選択と言えます。人事院が設置した学識者による研究会の報告書では、仮に50人未満の事業所に調査対象を引き下げた場合には、調査対象事業所が大幅に増加し、現行のような実地による精緻な調査ができなくなる一方で、これらの小規模事業所では、公務と同種同等の役職段階等の従業員は少なく、その調査結果が公民較差に影響を与えるとしてもそれは極めて小さいと報告されています。

　名古屋市人事委員会は2016年度に、事業所規模が10人以上50人未満の事業所に対して特別調査を実施し、このことを確認しています。

◢「公務員給与は民間より4割高い」という誤解

　「世の中は年収300万円時代へ向かっていて、国民の平均所得は400万円なのに、公務員給与は民間より4割も高い」と言う人がいます。

　こうした主張で使われる民間給与のデータは、国税庁の民間給与実態統計調査であることが多いのです。国税庁の調査は給与所得者全体を対象としているため、パートタイマーやアルバイト等の非正規雇用の労働

者が含まれていますし、ブルーカラーと呼ばれる生産労働者や販売員等の職種も含まれています。

　一方で、これと比較する公務員給与のデータは、行政職の給与です。もちろん非常勤の職員は含まれていませんし、技能労務職や公営企業職員も含まれていません。

　したがって、この両者を比較することは適切なこととは考えられません。

●図表７−８　公務員給与は民間より４割高い？

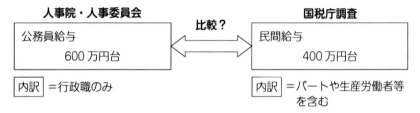

公務員自身も公務員給与は高いと思っている？

　図表７−９は2011年４月現在、給与カットを実施している団体の状況です。いずれも厳しい財政状況等を理由としたもので、人事委員会の給与勧告とは別次元の、いわば**「いわれのない給与カット」**です。中には十数年もの間、何らかの給与カットが続いている地方公共団体もあります。

　仮に民間企業でこんなことをしていたら、すぐに詐欺かブラック企業と言われることとなるでしょう。

　それではなぜ、公務員ではこのようなことがまかり通っているのでしょうか。その理由の１つに、当の公務員自身も「公務員給与は高い」と思っている職員が多いのではないかという説があります。そのために「いわれのない給与カット」をやむを得ないものとして受け入れやすいのではないかというのです。

　公務員給与のしくみを正しく理解した上で、仮に改めるべきであるなら制度を改めるべきであって、「いわれのない給与カット」を漫然と続

けるようなことは適切とは言えないでしょう。

● 図表 7 − 9　給与勧告以外の給与カットの実施状況（団体数）

	一般職	特別職	両方	計(a)	全団体数(b)	(a)／(b)%
都道府県	33	6	33	39	47	83.0
指定都市	7	5	7	12	19	63.2
市区町村	474	1,012	392	930	1,728	53.8
計	514	1,023	432	981	1,794	54.7

（出所）　総務省「平成 23 年度地方公務員給与実態調査結果等の概要」をもとに作成
　　　　（翌年から東日本大震災に伴う減額要請があり、この集計は行われていない。）

公務員給与は低ければよいのか

　政治思想として、公務員給与は低ければ低いほどよいという考え方は存在します。それを主張している政党もあるようです。極端な論者は、民間主導の世の中が望ましいとの考えから、民間に優秀な人材を集め、民間では採用されないような人を公務員に採用すればよいと言います。そして、その給与水準は採用試験の競争率が 1 を切らないギリギリまで引き下げればよいというのです。

　本当にそれでいいのでしょうか。少なくとも現行の法制度が採る考え方ではありません。同じような仕事をした場合に、給与を民間より高くする必要はありませんが、民間より低くすることは適当なことではありません。我が国の雇用の流動化の現状を考えると、短期的には影響は顕在化しないでしょうが、長期的には公務における的確な人材の確保を難しくさせるでしょう。

　やっかいなことに、公職の候補者が公務員の給与の引き下げを公約として主張した場合には、他人の不幸はなんとやらで、公務員ではない有権者は、他人の給与の引き下げに賛成するおそれがあります。しかし、行政サービスの質の低下はやがて市民に影響することになります。市民の賢明性に期待したいものです。

4　給与構造改革

　2005年に勧告された「給与構造改革」の内容を概観します。①地域民間給与の反映、②年功的な給与上昇の抑制と職務・職責に応じた給与構造への転換、③勤務実績の給与への反映が主な内容です。

2005年人事院勧告からはじまった

　長年にわたる議論を経て、2005年の人事院勧告で「給与構造改革」が勧告されました。

　この勧告は国家公務員給与について行われたものですが、同年9月28日付の総務事務次官通知「地方公務員の給与改定に関する取扱い等について」をはじめとして、地方公共団体も同様の改革を行うことが原則とされました。全ての地方公共団体で**「給与構造改革」**に沿った給料表の見直しが行われるなど同様の改革が進められ、現行の給与制度の基礎となっています。

　人事院勧告は主に次の3つの改革の必要性を挙げ、これらに対応した改革を勧告しました。

改革の必要性

① 　地域民間給与の反映
② 　年功的な給与上昇の抑制と職務・職責に応じた給与構造への転換
③ 　勤務実績の給与への反映

構造改革のなかみ

① 　地域ごとの民間給与水準との格差を踏まえ、給料水準を引き下げ、民間給与水準が高い地域では地域間調整を図るための手当を支給
② 　年功的な給与上昇を抑制し、職務・職責に応じた給与構造へと転換
③ 　勤務実績をより一層反映できるよう昇給と勤勉手当の制度を整備

◢ 地域民間給与の反映 ---

　公務員の給与は、全国で同じ給料表を適用していることが多いため、特に民間給与の低い地域では公務員給与が民間給与を上回るという状況があるとして、これを改善するための改革が行われました。

　具体的には、給料表の水準を平均 4.8 ％引き下げる一方で、その引き下げ分を原資として、従来の調整手当に替えて新設された地域手当の支給率を引き上げる改正が行われました。

　例えば、民間給与の水準が高い東京都特別区では従来の調整手当の12 ％を上回る 18 ％の地域手当とされるなどの引き上げが行われましたが、従来の調整手当と同水準あるいはそれ以下とされた地域が多いほか、その他の大半の地域においては、地域手当は該当しないものとされました。

　この見直しは、2006 年度から段階的に実施され、激変緩和のため経過措置（現給保障措置）が設けられました。

●図表 7 − 10　　地域民間給与の反映

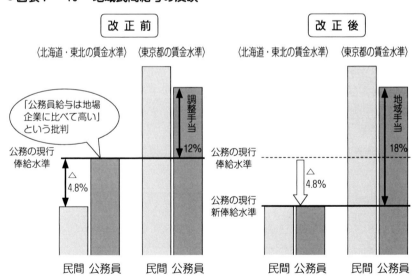

（出所）　2005 年人事院勧告資料

▨ 年功的な給与上昇をおさえる ┄┄┄┄┄┄┄┄┄┄┄┄┄┄

　給料表で、現在の級から昇格して上位の級に上がらなくても、年数の経過とともに号給が上昇します。

　そこで、**給与カーブをフラット化**させ、年数の経過とともに年功的に上昇する度合いを抑制することとされました。

●図表７－11　　年功的な給与上昇の抑制

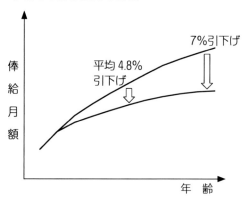

（出所）　2005年人事院勧告資料

▨ 職務・職責に応じた給与に転換する ┄┄┄┄┄┄┄┄┄┄┄┄

　給料表の１つの級の中でも、年数が経過すると号給が上昇しますが、その上昇幅が大きいと、上位の級の額の範囲に届いてしまいます。

　そこで、各級の給料額の見直しと給与カーブのフラット化により、給料表の各級の給料額は年数の経過で上昇しても上位の級の額にはできるだけ届かないように**級間の重なりを縮減**する改正が行われました。こうして職務・職責に応じた給与構造となるよう改正されたのです。

●図表 7 − 12　　職務・職責に応じた給与構造への転換

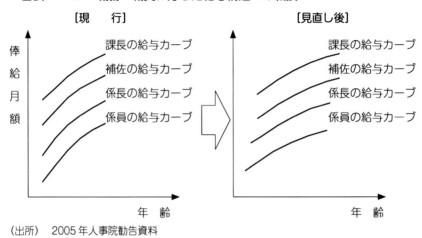

（出所）　2005 年人事院勧告資料

勤務実績の給与への反映

　勤務実績をより一層昇給に反映させやすくする改正が行われました。

　これまでも、昇給は勤務成績に応じて普通昇給と特別昇給が行われ、職員間の昇給には差がありました。しかし、普通昇給を 1 号給の昇給として、特別昇給は 2 号給の昇給としていたところが多かったため、差が大き過ぎるといった配慮から持ち回り的な運用が見られたとして、従来の**号給を 4 分割**する改正が行われました。

　都道府県の一部では、以前から特別昇給を＋ 1 号給の昇給とせず、昇給時期を 3 か月短縮することで昇給効果を 4 分の 1 号給分としていたところもあり、実質的にそうした内容に追いつく改正となりました。

　いずれにしても、持ち回りのような運用ではなく、勤務成績に応じた運用をすることに意義があります。

172

● 図表7－13　勤務実績の給与への反映

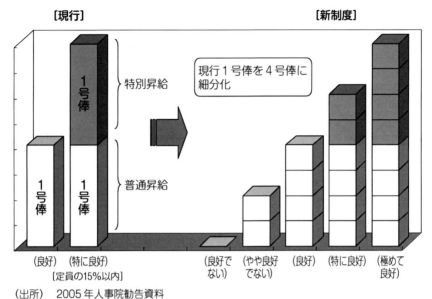

（出所）　2005年人事院勧告資料

✏️ その他の見直し

　管理職手当の定額化が行われました。これまでのように給料に一定率を乗じた額とする方法では、年数の経過で上昇する給料の影響が大きいため、これを是正したものです。

　このほか、国家公務員にのみ適用される手当等が整備されました。

5　給与制度の総合的見直し

ここがポイント

2014年に勧告された「給与制度の総合的見直し」の内容を概観します。①地域間の給与配分の見直し、②世代間の給与配分の見直し、③職務や勤務実績に応じた見直しが主な内容です。

◢ 2014年人事院勧告でさらなる改革

　2014年の人事院勧告では**「給与制度の総合的見直し」**が勧告されました。この見直しについても、同年10月7日付の総務副大臣通知「地方公務員の給与改定等に関する取扱いについて」が出されるなど、地方公共団体でも同様の見直しを行うことが原則とされています。

◢ 見直しの必要性

　人事院勧告は、次のような課題に対応する必要性に言及しています。
①　民間給与の低い地域における官民給与の実情をより適切に反映するための見直し
②　官民の給与差を踏まえた50歳台後半層の水準の見直し
③　公務組織の特性、円滑な人事運用の要請等を踏まえた見直し

◢ 総合的見直しのなかみ

　人事院勧告は、給与制度の総合的見直しとして、次の3つの見直しを進めることとしています。
①　地域間の給与配分の見直し
②　世代間の給与配分の見直し
③　職務や勤務実績に応じた見直し
　このように給与制度の総合的見直しは、2005年の人事院勧告により進められてきた「給与構造改革」の改革の内容をさらに推し進める見直しと言うことができます。

◢ 地域間の給与配分の見直し

　「給与構造改革」により地域ブロックで見た民間給与との差は縮小したものの、他方で、特に民間給与の低い地域を中心に、公務員給与が高いのではないかとの指摘が依然として見られるとして、さらなる「総合的見直し」の必要性を勧告しています。

　具体的には、地域の民間給与の実情を踏まえ、全国共通の給料表について、その水準を平均2％引き下げるとともに、その引き下げ分を原資として、地域手当について、支給割合を最大20％とし、級地区分を増設して7区分とするなどの見直しを行うこととされました。

　この見直しは、2015年度から段階的に実施され、激変緩和のため経過措置（現給保障措置）が設けられることとなりました。

●図表7－14　地域間の給与配分の見直し

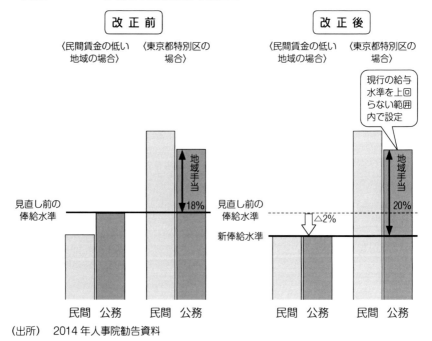

（出所）　2014年人事院勧告資料

◢ 世代間の給与配分の見直し ---------------------------------

　50歳台後半層については、公務員給与が民間給与を上回っているとして、世代間の給与配分を適正化する観点から、見直しが行われました。

　具体的には、給料表の水準を平均2％引き下げる中で、50歳台後半層の職員が多く在職する各級の高位号給の給料月額については最大で4％程度の引き下げが行われました。

　一方で、人材確保への影響等を考慮し、初任給にかかる号給等については引き下げが行われませんでした。

●図表7－15　世代間の給与配分の見直し

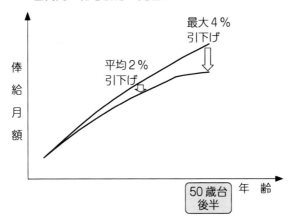

（出所）　2014年人事院勧告資料

◢ 職務や勤務実績に応じた見直し ---------------------------------

　このほか、職務や勤務実績に応じた見直しとして、いくつかの手当の見直しが行われましたが、地方公務員には大きく影響しないものでした。

column

給与の満足度を科学する

　人事評価制度が整備され、人事管理の基礎として活用することとなり、勤勉手当や昇給をはじめ給与への反映も進んでいます。

　ここで、給与による満足度（効用）について考えてみましょう。

　同じ1万円を受け取るにしても、無銭のときの1万円の喜びは大きく、それと比べると、既に1億円を持っているときに追加でもらう1万円の喜びは目減りします。つまり、追加的に受け取る給与の満足度は徐々に減っていきます。これを経済学では「限界効用逓減の法則」といいます。

　横軸に給与、縦軸に満足度をとり、給与に応じた満足度を描いた曲線を効用曲線といいます。効用曲線の形状は、人によって異なります。置かれた条件によっても異なります。しかし、とにかく「上に凸」の形、つまり真っ直ぐではなく徐々に垂れ下がるカーブであることが分かっています。

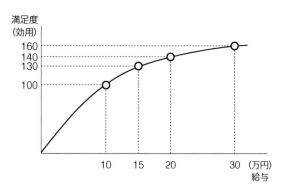

　いま仮に、給与が10万円のときの満足度を100としましょう。給与が2倍の20万円になっても満足度は2倍の200にはならず少し目減りします。40だけ増えて140としましょう。さらに給与が30万円になると、同様にさらに目減りしますので20だけ増えて160としましょう。

　このとき、給与が固定給で 20 万円とすると、満足度は 140 です。

　一方、給与が変動する給与で、50% の確率で 10 万円、残りの 50% の確率で 30 万円だとするとどうでしょうか。給与は平均すれば 20 万円で、上記の固定給と同じ給与水準です。しかし、この変動給のときの満足度は、50% の確率で 100 、残りの 50% の確率で 160 となり、平均すると 130 です。上記の固定給のときの満足度 140 より 10 下がっています。

　逆に言うと、130 の満足度を与えるためには、固定給なら 15 万円の給与を与えれば足りるのです。変動給で平均 20 万円を用意するより安上がりです。

　このことは、「安定していてリスクが回避されるのであれば、人は喜んで低い給与を受け入れる」と解釈されています。そして、このような気持ちが強くなるのは、給与水準が低いときなどが典型的なものとして挙げられています。

　これを公務員給与に当てはめてみると、昔は安い給与でも変動の少ない給与であったため満足度は高かったけれども、変動する給与の性格が強くなった頃から、平均すれば同じ給与水準でも満足度が下がった (?) のかもしれません。

　また、倒産や解雇のリスクが少ない公務員の給与水準は低く設定すべきだという主張があります。倒産や解雇は定員管理の問題であって、現に働いている公務員の給与水準は、現に働いている民間従業員と均衡をとるべきだというのが正論とされていますが、上記の主張にも耳を傾けるべき要素が含まれているように思えます。

　「職の安定性」を考慮した均衡概念の構築は、目下の研究テーマです。

【参考文献】
〇三谷直紀「内部労働市場」神代和欣編『労働経済論』八千代出版、1997 年
〇樋口美雄『人事経済学』生産性出版、2001 年　ほか

8章 民間とはここがちがう！労働基本権の制限

1　なぜ、どうちがう労働基本権

ここがポイント

　公務員も民間労働者と同じ勤労者ですが、その「地位の特殊性」と「職務の公共性」から、公務員の労働基本権は一定の制限を受けるものとされています。労働基本権制約の概要を学びましょう。

公務員の労働基本権

　憲法は、勤労者の労働基本権を保障しています（28条）。公務員も「勤労者」ですが、一定の制限を受けるものとされています。

なぜ民間労働者とちがうのか

　判例は、公務員の**「地位の特殊性」**と**「職務の公共性」**から一定の制限を加えることは合理的な理由があるとしています（最判昭48年4月25日、非現業の地方公務員について最判昭51年5月21日）。

　公務員は勤労者としての性格を持つ一方で、全体の奉仕者としての性格を併せ持つ地位にあることから、勤労者としての立場と全体の奉仕者としての立場とを天秤にかけて、公共の福祉を守る観点から一定の制限を受けるのです。

　例えば、警察官や消防官も、仕事をして給与を得て生活をしている勤労者ですが、労働条件の改善を求めてストライキ（スト）を決行したらどうなるでしょうか。スト決行中は、犯罪や火事が起きた場合でも、「スト決行中なので逮捕しません」「消火しません」では困ってしまいますから、公共の福祉を守る観点から一定の制限を受けるというわけです。

◢ 民間労働者とどうちがう？ ------------------------------

　地方公務員の仕事は千差万別です。民間企業と同様に企業としての経済性の発揮を求められている地方公営企業のような仕事もありますし、最も一般的な事務の行政職、さらには警察や消防のような仕事まであります。

　そこで、それぞれの職務の性格を踏まえて、図表 8 - 1 のようにグループ分けをし、民間企業の労働者との違いを設けています。

●図表 8 - 1　労働基本権の制約

	団結権		団体交渉権		争議権	
民間企業の労働者	○	制限なし	○	制限なし	○	制限なし
企業職員等・単純労務職員	○	制限なし	○	制限なし	×	禁止
一般職員教育職員	△	職員団体	△	協約締結は×	×	禁止
警察職員消防職員	×	禁止	×	禁止	×	禁止

(1)　企業職員等・単純労務職員

　地方公営企業の職員、地方独立行政法人の職員、単純労務職員は、できる限り民間企業の労働者と同じ取扱いとすることとされ、団結権や団体交渉権に制限はありませんが、争議行為等は全面的に禁止されています（地公労法 5 条 1 項、11 条 1 項）。

(2)　一般職員・教育職員

　一般の職員、教育職員については、労働組合法の適用はありませんが、「職員団体」を組織することができます（地公法 52 条）。団体交渉をすることはできますが、団体協約を締結することはできません（地公法 55 条 2 項）。争議行為等は全面的に禁止されています（地公法 37 条 1 項）。

(3)　警察職員・消防職員

　警察職員、消防職員については、団結権、団体交渉権、争議権のいずれも認められていません（地公法 52 条 5 項）。

2　職員団体と労働組合

ここがポイント

　地方公務員の団結権は職種によってさまざまです。企業職員等は民間と同じ労働組合を組織できますが、警察や消防の職員には団結権がありません。その中間の一般職員は「職員団体」を組織することができます。

■ 地方公務員の団結権のいろいろ

　地方公務員の団結権は、職員の種類によって異なります。

　地方公営企業の職員や地方独立行政法人の職員は、民間の労働者と同じように、労働組合法に基づき労働組合を組織することができます（地公労法5条1項）。

　一般の職員や教育職員は、労働組合を組織することはできませんが、地方公務員法に基づく**「職員団体」**を組織することができます（52条）。

　また、単純労務職員は、労働組合または職員団体のいずれも組織することができます（地公労法5条1項、附則5項）。

　一方、警察職員や消防職員は、労働組合と職員団体のいずれも結成することも加入することもできません（地公法52条5項）。

●図表8－2　職員の団結権の態様

対象職員	企業職員等	単純労務職員	一般職員 教育職員	警察職員 消防職員
組織できる団体	労働組合	職員団体		組織できない

■ 職員団体とは

　職員団体とは、地方公務員のうち一般の職員や教育職員が組織することができる労働組合のような組織です。地方公務員法は、警察職員及び消防職員以外の「職員がその勤務条件の維持改善を図ることを目的として

組織する団体」と定義しています（52条）。つまり、勤務条件の維持改善を図ることを目的として当局と交渉を行い、実現を図ろうとする団体です。

それでは職員団体と労働組合とはどこが違うのでしょうか。職員団体は、当局と交渉をしても**団体協約を締結する権利**がありません（地公法55条2項）。そして、**争議権**が認められていないのです（地公法37条1項）。ここが労働組合と明確に異なる点です。

■ 組合員になるべきか？ ----------------------------------

新規採用職員のよくある質問の1つに「職員団体の組合員になるべきかどうか」というものがあります。

地方公務員法は、職員は職員団体に加入することもしないこともできると明記しています（52条3項）。さらに、職員は職員団体に加入しようとしたことをもって不利益な取扱いを受けることはないとも規定しています（56条）。いわゆる**オープンショップ制**となっていて、職員団体への加入は、職員の全くの自由に委ねられているのです。

■ 管理職は職員団体の組合員になれない？ ----------------------

管理職の職員は、職員団体の構成員になれないのでしょうか。

現在ある職員団体は、管理職員等を構成員に含めていません。それは、地方公務員法が、管理職員等と管理職員等以外の職員が同一の職員団体を組織することはできないと定めているからです（52条3項但書）。

したがって、民間の管理職ユニオンと同様に、管理職員等のみを構成員とする職員団体を組織することは可能なのです。

ここでいう**「管理職員等」**とは、職員団体との関係において当局の立場に立って遂行すべき職務を担当する職員とされています。いわゆる管理職のほか、人事課や各部局総務担当課等の職員のうち人事や労務等を担当する職員の一部が該当します。具体的には人事委員会規則等で定められています（地公法52条4項）。

ちなみに、管理職員等である人事課の主任らに管理職手当が支給される訳ではありません。管理職員等と管理職とは異なる概念です。

3 公務員の組合交渉

地方公務員が職員団体や労働組合を組織して交渉できるのは「勤務条件」とその附帯事項についてです。地方公共団体の機関が自らの責任と権限で執行すべき職務に関する「管理運営事項」は交渉できません。

◢ 職員団体の交渉権

地方公共団体の当局は、登録を受けた職員団体から、適法な交渉の申入れがあった場合には、その申入れに応ずべき地位に立つものとされています（地公法 55 条 1 項）。

それでは、登録を受けない職員団体からの交渉の申入れはどうでしょうか。当局は応じるべき立場にはないのですが、職員団体からの申入れであることには変わりはありませんので、適切な判断によって必要な場合はこれに応じることが望ましいとされています。

◢ 交渉事項とは

職員団体が当局と交渉できるのは**「勤務条件」**についてです。民間労働者の「労働条件」に相当し、給与、勤務時間などが代表的です。これらに附帯した社交的、厚生的活動なども含まれます（地公法 55 条 1 項）。

反対に、交渉することができないのは、いわゆる「管理運営事項」で、地方公共団体の事務の管理や運営に関する事項です（地公法 55 条 3 項）。

● 図表 8 - 3　交渉の対象事項

	対象	例示
交渉の対象となる事項（地公法 55 条 1 項）	勤務条件	職員の給与、勤務時間その他
	附帯事項	社交的または厚生的活動を含む適法な活動に係る事項
交渉の対象とできない事項（地公法 55 条 3 項）	管理運営事項	職員の異動配置、人事評価の実施、職制の制定や改廃等

管理運営事項は交渉できない

　管理運営事項は、地方公共団体の機関が自らの責任と権限で執行すべき職務に関する事項です。行政の企画や執行、財産の管理等に関する事項などが該当します。これらを職員団体との交渉で決めることは、経済的利益の維持改善という私的利益のための団体が行政に介入することとなるため禁じられているのです。

　管理運営事項とされ交渉できないものとしては、予算の編成、条例の企画や提案等のほか、任用に係る事項として、懲戒処分の決定、職員の採用、異動配置、人事評価の実施、職制の制定や改廃等があります。

　管理運営事項と勤務条件が密接に関連する場合には注意が必要です。例えば、給与改定は予算に影響しますが、勤務条件に関する事項としてその範囲では交渉事項となります。職員団体は勤務条件について交渉を行えば十分であって、管理運営事項に介入することはできません。

交渉の結果

　職員団体と地方公共団体の当局との交渉では、交渉の結果について書面協定を結ぶことはできますが、**団体協約**を締結する権利はありません（地公法55条2項・9項）。

　職員の勤務条件は条例で定めることが原則とされています（地公法24条5項）。条例で定めることにより、民主的な統制の制度となるとともに、勤務条件の保障措置にもなっており、団体協約の締結を必要としないとされているのです。

●図表8−4　地方公務員法による交渉のプロセス

4　公務労働のいま

◤ 労働組合はどうなっている？

　地方公務員が組織する職員団体や労働組合を含む日本全体の労働組合の現状として、官民を問わず組織率の低下が続き、いずれも過去最低の水準となっています。

　厚生労働省の「労働組合基礎調査」によると、2018年6月現在で、労働組合数は24,328組合、組合員数は1,007万人、雇用者数に占める労働組合員数の割合である**推定組織率は17.0%**となっています。

　このうち、他の産業に分類されるものを除く「公務」の組合員数は84万人、推定組織率は36.9%となっています。

　地方公務員に関わる主要団体の組合員数を見ると、連合系の自治労が

●図表8-5　労働組合の現状

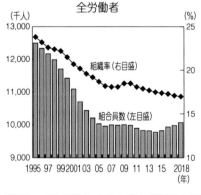
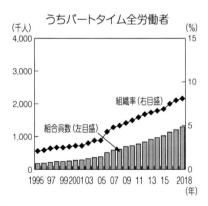

（出所）　厚生労働省「平成30年労働組合基礎調査」をもとに作成

78 万 5 千人、日教組が 23 万人、全労連系の全労連自治労連が 14 万 2 千人、全教が 6 万 6 千人となっています。

◢ 組織率低下、その理由は？ --------------------------------------

　労働組合の組織率低下の要因としては、労働者の価値観やニーズの多様化、それに伴う労働組合に対する信頼感の低下が指摘されています。旧来の組合活動手法に対する若者たちの忌避感等を指摘する人もいます。確かにハチ巻きやデモ行進の動員は今の若者たちには受け入れにくいのかもしれません。

　また、労働組合の効果についての評価もさまざまなものとなっています。労働組合の賃金への経済効果を分析した研究では必ずしも効果が確認されていません。さらに労働組合の効果の問題として、ストを**ステークホルダー**が支持するかという問題があります。民間企業であれば株主や取引先、消費者、公務であれば住民がストを支持するかということです。強力な使用者の横暴に対して、自分たちが正しいということを広く訴えかけるのがストですが、公務員のストを支持し、「給与を上げるべきだ」と言う住民はどれほどいるでしょうか。

　このほか、産業構造の変化も要因とされています。もともと組織率の高い製造業等の割合が低下する一方で、組織率の低いサービス業等の割合が上昇し、全体としての組織率を低下させているというわけです。同様に、正社員と非正社員の増減も影響していると言われています。

◢ 非正規雇用労働者の組合員数は過去最高！ ------------------------

　労働組合の組織率が低下を続ける一方で、増加を続けているものがあります。いわゆる非正規雇用労働者の組合員です。組合員のうちのパートタイム労働者は 129 万 6 千人、全労働組合員数に占める割合は 13.0％ となっています。いずれも過去最高の水準です。

　公務労働でも、2005 年頃から非常勤職員の組合加入を受け入れることとされ、非常勤職員を含めた組合員数の確保が進められています。

　この頃から**「非正規公務員」などといった言葉**を使って非常勤職員の待遇を問題視し改善を求める主張が行われるようになりました。

終章 地方創生・分権時代の地方公務員

1 地方公務員の人材ポートフォリオ

ここがポイント

> 地方公務員も多様化しています。さまざまな雇用形態の職員がいますし、正規職員の価値観もまちまちになっています。こうした多様な職員をどのように組み合わせて組織運営をするのが最適かを考えることが重要です。

■ 企業の人材ポートフォリオ問題

　近年、民間の企業経営では、人材ポートフォリオあるいは雇用ポートフォリオと言われる問題が関心事となっています。

　人材ポートフォリオというのは、さまざまな雇用形態の従業員をどのように組み合わせて組織運営をするのが最適かを考えることです。実務だけでなく学術的にも意欲的に研究が進められているテーマです。

■ 多様化する地方公務員

　地方公務員についても人材ポートフォリオを考えるべきときを迎えていると筆者は考えています。

　地方公務員の世界も、多様な雇用形態の職員で構成されるようになっていますし、職員の価値観も多様化しています。

　ある係長の話です。部下は5人で、新規採用職員、再任用の大先輩、ITが専門のはずの非常勤嘱託、会計年度任用職員、任期付短時間勤務職員だそうです。彼は「夕方になると皆帰ってしまって、自分しかいなくなる」と嘆いていました。「新規採用職員は？」と聞くと、ワーク・ライフ・バランスが口癖らしく残業はしない主義とのことでした。

企業と公務のちがい

　民間の企業経営における人材ポートフォリオは経営戦略です。正社員から非正社員まで、さらにその中間の雇用形態の社員（限定正社員など）も含めた多様な従業員を捉えて、どのように組み合わせて組織運営をするのが最適かを考えて経営が行われています。

　一方、地方公務員の人材ポートフォリオは、行き当たりばったりです。効率的な組織経営のために考えられたポートフォリオではありません。問答無用で進められてきた正規職員の定数削減への対応として、代替の非常勤職員の配置を、予算を横目で見ながら、その都度取り繕ってきた結果として現状があるだけで、現在の構成が最適な組合せであるかどうかといったことは誰も考えたこともないのが実態ではないでしょうか。

企業も試行錯誤している

　とはいえ、民間の人材ポートフォリオも、これまで経済団体や学者が提示したモデルのように単純には行かないことが指摘されています。財務からのアプローチと業務量からのアプローチのもとで要員算定が行われ、最適な経営体制を模索して試行錯誤が行われているのです。

　しかし少なくとも、他律的な要因で基幹的な人材の要員が決められ、その代替人員確保への対応に終始しているということはありません。

地方公務員の人材ポートフォリオを考える

　いま地方行政を担っている人材は多様化しています。多様な雇用形態の職員が混在していますし、正規の職員の価値観も多様化しています。

　こうした中にあって、これからの地方行政を担う人材をどのようなものとしていくか、考えるべきときを迎えていると思います。**基幹的な人材**として、どのような人を採用しどのように育成していくのか。正規の職員の多様化も踏まえて、職員の**複線的な人事制度**の拡充も視野に入れて考える必要があるでしょう。多様な雇用形態の非常勤の職員についても、制度論だけでなく、効率的な組織経営のために最適な配置を検討すべきときを迎えているのではないでしょうか。

2　分権時代の地方公務員給与

　地方創生・分権時代にあって、地方公務員給与はいまだに、ラスパイレス指数をはじめとして「国家公務員を基準」とした議論から卒業できないでいます。分権時代に相応しい制度の方向性を考えましょう。

◢ 地方創生・分権時代の地方公務員給与のこれから ‥‥‥‥‥

　成熟社会の進展に伴い、地方分権の確立を基盤とした地方創生が時代の要請となっています。こうした分権時代に相応しい地方公務員給与はどうあるべきでしょうか。

　いまだに地方公務員給与の問題といえば、ラスパイレス指数で水準の高さを指摘し、ワタリを諸悪の根源のように指摘していれば事足れりといった風潮が根強くあります。

　しかし、分権時代にあって、**「国家公務員を基準」**とした従来のこうした議論は改められなければならないのではないでしょうか。

◢ ラスパイレス指数からの卒業 ‥‥‥‥‥‥‥‥‥‥‥‥‥‥‥‥

　地方公務員給与の水準は、いまだに国家公務員を基準としたラスパイレス指数で議論されることが多いのが実情です。地域の民間給与水準の反映を謳（うた）った改正が繰り広げられる一方で、いまだに**国家公務員を100**としたラスパイレス指数が公表されています。

　全国の国家公務員の平均的な給与水準より、その地域の民間給与の水準が高い場合、その地域の公務員給与のラスパイレス指数が高くなるのは当然の結果です。これを否定して「地域の民間給与水準の一層の反映を」と言うのは理解しにくいものです。

　また、地域手当補正後のラスパイレス指数は、地域手当の支給率を国と同じにしているかを判定する指標でしかありません。

　地域の民間給与が低い地域は民間給与に合わせよと言い、民間給与が

高い地域は国家公務員給与に合わせよと言うのでは首尾一貫していません。各地域の民間給与との均衡に重点を置いた視点で議論すべきです。

◼ ワタリ批判からの卒業

　いわゆるワタリとは、「給与決定に際し、等級別基準職務表に適合しない級へ格付けを行うこと」とされています。要するに、職責に応じた現在の級とは異なる上位の級に格付けたり、上位の級の給与を支給することです。最も顕著なのは、係長に昇任していない担当職員を給与決定だけ係長級としたり、給与だけ係長の額を支給したりすることです。

　しかし、ワタリの本質は、地方公務員の給与格付けを**国家公務員に準拠**させることから生じる不都合です。国とは組織規模も職員構成も異なる中で、国基準で職制を考えるから矛盾が生じるのです。

　地方公務員の役職段階の運用は、対応する国家公務員の役職段階を基準とするのではなく、対応する地域民間企業の役職段階との対応に焦点を当てた議論にしていくことが重要です。

　例えば、都道府県の場合で見てみましょう。総務省が示したガイドライン（2006年通知）では、国家公務員に準じて、係長は3級、課長補

● 図表9-1　総務省ガイドラインによる職務の級の対応関係

国家公務員（本省）			地方公務員（都道府県）			民間企業（500人以上）
10級	特に重要な課長					部長　部下20人
9級	重要な課長	⇔	9級	部長	⇔	
8級	困難な室長		8級	次長		課長　部下10人
7級	室長		7級	総括課長		
6級	困難な課長補佐		6級	課長		課長代理 部下4人
5級	課長補佐	⇔	5級	総括課長補佐	⇔	
4級	困難な係長		4級	課長補佐		係長　部下あり
3級	係長・困難な主任	⇔	3級	係長	⇔	
2級	主任		2級	特に高度な係員		主任
1級	定型的な業務		1級	係員		係員

（出所）　総務省ガイドライン＝2006年8月23日付　総務省給与能率推進室長通知「人事委員会における公民比較の較差算定等に係る留意点について」をもとに作成

佐は４級と５級とされています。したがって、係長なのに４級に格付けたり４級の給与を支給するのはワタリということになります。しかし、同じガイドラインで、民間給与との比較は、３級と４級は民間の係長（部下１人以上）と、５級と６級は課長代理（部下４人以上）と比較することとされています。そこで問題が生じます。国家公務員（本省）の係長は部下が少ないかもしれませんが、都道府県の係長には、部下が４人以上いるのが普通です。地域民間給与の反映と言いつつ、係長を３級にせよというのは、このように理不尽な面をもっているのです。

　同様のことは、上位の級を見ればもっと顕著です。都道府県の部長は、ガイドラインでは、国家公務員（本省）の課長クラスだということで、９級とされています。これを民間と比較するときは、部下20人以上の部長と比較することになっています。国家公務員（本省）の課長は部下が20人かもしれませんが、都道府県の部長の部下は200人、場合によっては2,000人のこともあるでしょう。およそ10倍、100倍です。

　このように、地方公務員の役職段階の運用は、対応する国家公務員の役職段階を基準にするのではなく、対応する**地域民間企業の役職段階**との給与上の公民比較を徹底することを基本として、級別の定数管理を厳格に行うことが重要です。

◢ 「国と同じ給料表」からの卒業

　旧六大都市である東京や政令指定都市では古くから独自給料表が使われていますが、その他のほとんどの道府県や市町村では国家公務員と同じ給料表が使われてきました。

　これにはメリットとデメリットがありますが、国家公務員と職員構成が異なる地方公共団体において国と同じ給料表を使っていることによる不都合が顕在化してきていることも事実です。

　各地方公共団体において、地域の民間給与との均衡を図りつつ、職員構成などの実態や人事上の課題を踏まえた柔軟な対応を進めるためには、**独自給料表の適用**を検討すべきときが来ていると言えるでしょう。

　ただし、近年の研究では、独自給料表に著しい優劣が生じてきていることが指摘されており、人事担当者の技術的専門性の向上が求められています。

▨ 市町村の給与制度の確立が急務！ ………………………………………

　本項の最後に、地方公務員給与についての本書のこれまでの議論は、人事委員会を置く地方公共団体において妥当するものだということをお断りしておかなければなりません。人事委員会を設置しているのは、都道府県・政令指定都市・特別区と、一般市では和歌山市だけですから、その他のほとんどの市町村では事情が異なるのです。

　人事委員会を設置していない市町村では、地域の民間給与の水準との均衡を図る制度がありません。公平委員会には給与勧告の機能がないのです。もっとも、規模の小さな市町村で、地域の民間給与を調べようとしても、サンプル数の制約や調査人員の負担などの課題があるため、無理に機能を持たせることは適当でありません。

　現実的な方法としては、地域の民間給与を反映した都道府県の給与を参考にして運用することで、間接的に地域の民間給与を反映させるしかないのです。

　実態としては、ほとんどの市町村で、国家公務員と同じ給料表が使われています。制度だけでなく水準も国家公務員準拠なのです。

　これでは、級の格付けを国がガイドラインで示し、給与の水準は国家公務員を基準としたラスパイレス指数で確認する旧態依然とした国の助言が行われるのもやむを得ません。

　分権時代に相応しい地方公務員給与のあり方を考えるなら、市町村職員の給与水準を**地域の民間給与水準と均衡させるしくみ**を確立することが急務です。例えば、各市町村で、都道府県人事委員会が調査している地域の民間給与データの提供を受け、各市町村の職員給与との比較を行うといった制度の導入などを検討すべきでしょう。

3 これからの地方公務員はこうなる！

> 地方創生・分権時代に相応しい、これからの地方公務員像について考えてみましょう。キーワードは「専門性を高める」です。地方公務員の人事も「スペシャリスト」養成へ舵を切るときを迎えています。

◢ 地方創生・分権時代の地方公務員

　地方は１つではありません。地方は１つひとつです。それぞれの地方には異なった顔があります。課題もありますが、強みもあります。それぞれの地域で、そうした個性を活かしながら活力のある地域づくりを進めて行く必要があります。

　住民に身近な問題は住民に身近な政府が解決に当たるという地方分権の時代にあって、地域の住民も巻き込んでそうした地域づくりを進める、その中心的な役割を担うのが地方公務員です。

◢ これからの地方公務員

　これからの地方公務員制度のあり方については、1999年に地方公務員制度調査研究会（塩野宏会長）が**「地方自治・新時代の地方公務員制度」**という報告を行っており、この分野のバイブル的な存在となっています。

　同報告書を見ると、報告以来約20年を経て、多様な勤務形態の導入や、新しい人事評価制度の確立をはじめとする公務員制度改革の進展など、多くの部分が現実のものとなっていることが分かります。また、今後の方向性についても学ぶべきことが多くあります。この報告書は現在も総務省のホームページから見ることができます。

　大所高所からの体系的な方向性は、同報告書などの先行研究に譲ることとし、以下では本書なりの考察を行って本書を閉じたいと思います。

●**図表 9 － 2　地方公務員制度調査研究会報告の骨子**

> 地方自治・新時代の地方公務員制度
> 　─地方公務員制度改革の方向─
> 　(1999 年 4 月 27 日地方公務員制度調査研究会報告)
> 　1　改革の背景と必要性
> 　2　地方公務員制度における国と地方の関係
> 　3　行政と民間との新たな関係
> 　4　多様な勤務形態の導入等
> 　5　人事管理の新たなあり方
> 　　⑴　年功序列から能力・実績の重視へ
> 　　⑵　政策形成能力の開発等の人材の育成
> 　　⑶　人材の広域共同確保・育成
> 　　⑷　女性公務員の登用、職域拡大等
> 　　⑸　職員が働きやすい環境の整備
> 　　⑹　高齢職員の人事管理

◢ 市町村職員、求められるのは「政策形成能力」

　定型的な事務処理を間違いなくこなすことが求められた時代は終わり、政策形成能力が求められる時代になったと言われています。高度な専門性が求められるようになっているのです。市町村で急速に高学歴化が進んでいることも、このことを反映していると言えるでしょう。

◢ 都道府県職員、「現状維持」はありえない！

　もともと政策形成能力が求められてきました。むしろ理念的に過ぎると言われるほどです。「最も中途半端なエリート」と言った人もいます。
　しかし、さらに高い政策形成能力が求められることになるでしょう。
　地方分権の行き着く先は、国の機能の分割と委譲による州政府でしょう。都道府県がこの州政府に統合されるとすれば、今のままでは都道府県職員は専門性を持たない本当に中途半端な公務員になりかねません。

◢ 専門性を高めていこう

　いずれにしても、これからの地方公務員は、より高い政策形成能力が

求められることになるでしょう。

　そのためにどのような人材育成が必要か、これまでも議論されてきました。OJT こそ重要だと指導内容を充実させようとするもの、Off-JT の典型としての研修を充実させようとするもの、職員が主体的に取り組む自学を推し進めようとするもの等々です。いずれも重要でしょう。

　これらに加えて、**人事管理の変革**が重要だと思います。人事異動の変革です。スペシャリストを養成する異動へ舵を切るべきときが来たと思います。

■ 「スペシャリスト」へ舵を切れ

　ジェネラリストかスペシャリストかというと古臭い議論のようですが、近年の研究では、ジェネラリストが多いと言われてきた日本の企業でも、企業内の幅広い分野を経験してトップに立つようなジェネラリストはほとんどいないことが分かっています。現実は「職能」を軸としたキャリア形成がほとんどなのです。狭い職能の中での異動は多いものの、職能を超えた異動は少ないのです。

　一方、地方公務員の一般的な異動は、本当に幅広い分野で行われ、それも３〜５年ごとの頻度です。３〜５年ごとに新しい分野を学ぶのです。それが本当に効率的な人材育成なのでしょうか。

　対象分野が変わるだけで行政運営の手法は同じだから熟練が進むのだと、私も言い続けてきましたが、本当にそうでしょうか。税務の仕事の手法と福祉の仕事の手法は同じでしょうか。

　また、行政のことはなんでも知っていなくてはならないと言う人もいますが、これも本当でしょうか。首長やそれに次ぐような人はともかく、ほとんどの職員の人材育成として必要でしょうか。

　地方公務員の政策形成能力の向上へ向けて、**狭い分野での異動**を基本とした「スペシャリスト」養成の人事へ舵を切るときを迎えているのではないかと思います。

地方公務員の人事に科学を --

　経済学に人事経済学という学問分野を築いたスタンフォード大学のラジアー教授は、1998年の著書（本書75頁参照）の中で、「人事上の決定は、最近まで依拠すべき体系的な規範が存在しなかった。しかし、過去20年間で事情は変わった。いまや人事は詳細かつ一義的な解答を出すことができる**科学**である」と述べています。

　企業の人事部の方と話をしていると、ビジネススクールで**人事経済学**や**HRM**（Human Resource Management：人的資源管理論）を学び、MBAを取得したといった方が多いことに気づきます。

　また近年は、EBPM（エビデンスに基づく政策立案）が政策決定の主流となりつつありますが、企業の人事の世界でも、エビデンスに基づく意思決定を重要視する傾向が強まっています。さらに、HRテック（Human Resources Technology）が進んでいると言われます。AIやビッグデータ解析などの最先端のICT技術を人事評価や個人特性の情報処理などにフル活用して人事業務を進めているのです。

　地方公共団体の人事でも、意欲的な取り組みが報じられることもありますが、一方でまだ直感に頼った人事も少なくないようです。さらに残念なことに、人事とは、各部署の希望を繋ぎ合わせ、それに首長をはじめ声の大きな上役の意向を加えて調整する、そんなパズルの組み合わせだと思っているような人事担当者もいます。

　組織の目的を追求し、構成員一人ひとりの特性を見極め適材適所と人材育成の実現に苦悩する中から、人事は科学へと発展しているのです。**確立された理論**とともに**エビデンスに基づく人事**が飛躍的に発展している今、地方公務員の人事もこうした科学を活かした取り組みを進めてほしいものです。そうした人事によって、職員が高い意欲を持って能力を発揮し、元気でこころ豊かな地方が創生されることを願っています。

【参考文献】

○ミルグロム, P. and J. ロバーツ『組織の経済学』NTT出版、1997年
○大湾秀雄『日本の人事を科学する』日本経済新聞出版社、2017年

索引

【著者紹介】

圓生　和之（まるみ　かずゆき）

1962年神戸市生まれ。神戸大学大学院経済学研究科博士課程修了。
兵庫県職員（人事課10年、管理職10年、関係団体総務部長、理事等）を経て、
神戸大学、名古屋商科大学で教鞭を執り、名古屋市人事委員会委員長
等を歴任。現在、神戸学院大学経済学部経済学科教授、同大学院教授。
専門は労働経済学、人事経済学。博士（経済学）神戸大学。

近著
『地方公務員給与——21世紀の検証』（晃洋書房、2023年）
『公務員人事の経済分析』（三恵社、2017年）日本地方自治研究学会賞受賞
『はじめて学ぶ地方公務員法』（学陽書房、2017年）
『一番やさしい地方公務員制度の本』（学陽書房、2016年）

地方公務員の人事がわかる本

2020 年 2 月 19 日　初版発行
2024 年 8 月 19 日　3 刷発行

著　者　　圓生和之
まるみかずゆき

発行者　　佐久間重嘉

発行所　　学陽書房

〒 102-0072　東京都千代田区飯田橋 1-9-3
営業部／電話　03-3261-1111　FAX　03-5211-3300
編集部／電話　03-3261-1112
http://www.gakuyo.co.jp/

装幀／佐藤博
DTP 制作／東光整版印刷　印刷・製本／大村紙業
© Kazuyuki Marumi 2020, Printed in Japan

ISBN 978-4-313-16621-9　C1032
乱丁・落丁本は、送料小社負担にてお取り替えいたします。